50 JAHRE

Routine zerstört das Stück
oder
Die Sau hat kein Theaterblut

Erlesenes und Kommentiertes
aus Briefen und Vorstellungsberichten
zur Ensemblearbeit Felsensteins

Herausgegeben von
Ilse Kobán

Zum 50jährigen Bestehen der Komischen Oper Berlin

MärkischerVerlag Wilhelmshorst
1997

Texte und Briefe aus dem Felsenstein-Archiv der Stiftung Archiv der Akademie der Künste Berlin/Brandenburg.

Umschlaggestaltung von Barbara Kämpf; Titel nach dem Plakat *Orpheus in der Unterwelt* von Josef Fenneker.

Entwürfe zu den Kapiteln 1, 2, 4 und 8 von Heinz Pfeiffenberger, zum Kapitel 7 von Jost Bednar sowie
zu den Kapiteln 6 und 9 von Rudolf Heinrich.

Die Deutsche Bibliothek - CIP-Einheitsaufnahme

Routine zerstört das Stück oder die Sau hat kein Theaterblut :
Erlesenes und Kommentiertes aus Briefen und Vorstellungsberichten zur Ensemblearbeit Felsensteins ; zum 50jährigen Bestehen der Komischen Oper Berlin / hrsg. von Ilse Kobán. - 1. Aufl. - Wilhelmshorst : Märkischer Verl., 1997
  ISBN 3-931329-13-5

© MärkischerVerlag Wilhelmshorst 1997
1. Auflage
Druck und Bindung: SPIN Gorzów
Alle Rechte vorbehalten — Printed in Poland
ISBN 3-931 329-13-5

Toi-toi-toi,
Ihr Felsenstein —

so schließen viele Briefe, die Walter Felsenstein an seine Mitarbeiter schrieb – wissend, daß nun die Inszenierung, die abendliche Vorstellung, in den Händen der Ausführenden vor, auf und hinter der Bühne liegt – mit allen Unwägbarkeiten.

Theater ist ein höchst differenziertes und arbeitsteiliges Gebilde. Die Gefahr, daß am Abend „was passiert", ist stets gegenwärtig. Nur durch ständige Arbeit, sprich: Proben, Disziplin, Engagement und Verantwortungsbewußtsein ist ihr zu begegnen. An diese Eigenschaften zu appellieren, seine Leute präzise immer wieder auf den Ausgangspunkt des einmal Erarbeiteten zurückzuführen, entsprechende Ermahnungen nicht müde werdend auszusprechen, aber auch des Lobes voll über geglückte Musiktheaterabende - das beinhalten Felsensteins Briefe an seine Mitarbeiter. Demgegenüber erhält man durch seine Korrespondenz mit „vorgesetzten Stellen" einen Einblick in das, was neben der eigentlichen, der künstlerischen Arbeit zu bewältigen war - die Intendanzgeschäfte. Zugleich spiegeln gerade diese Briefe die damalige Theatersituation in Berlin wider, Zeitgeschichte wird auf besondere Art lebendig. Wobei man sich auch hier, wie bei allen Dokumenten aus seiner Hand, immer wieder fragt: „Wann, um Himmels Willen, hat er das alles durchdacht, veranlaßt, diktiert, geschrieben, gearbeitet und verarbeitet?"

Dagegen sind die Protokolle der Abendspielleiter ganz interne Arbeitsberichte zur Erhaltung der Aufführungsqualität einer Inszenierung und als solche nie für eine Veröffentlichung bestimmt gewesen. Heute, mit dem Abstand nun schon mehrerer Jahrzehnte sind sie für uns jedoch ein wichtiges Dokument der Arbeitsmethode der Komischen Oper und des Umgangs aller Ensemblemitglieder (und dazu zählte auch der Intendant) miteinander.

Allerdings sei hierbei zu bedenken gegeben, daß die manchmal ja irrwitzigen, auch bedrohlichen und dann wieder äußerst komischen Zwischenfälle aus den frühen Jahren der Komischen Oper nicht losgelöst von der damaligen Zeit zu lesen sind. Es war eine Zeit des Mangels im materiellen Bereich, der Krieg noch nicht lange vorbei, ein ,,Kalter Krieg" leider schon wieder im Gange. Man rang buchstäblich um jeden Meter Stoff, jeden Scheinwerfer, jedes Requisit. Improvisationstalent, bedingungsloses Engagement und Phantasie waren angesagt. Der Beweis, daß hier ein Theater im Entstehen ist, das mit seinem ,,Musik-Theater" für etwas Neues, auf der Opernbühne so noch nicht Dagewesenes, einsteht, dieser Beweis wollte und sollte allabendlich erbracht werden.

Das Anschauen, Durchblättern und Lesen der für dieses Buch ausgewählten Texte und Entwürfe (bisher nur wohlverwahrt und bis auf ganz wenige Ausnahmen unveröffentlicht) möge Theater- und Bücherfreunden Spaß, Heiterkeit und auch Nachdenklichkeit vermitteln sowie Verständnis und Liebe für das Theater wecken oder auch vertiefen helfen.

Im November 1997 **Ilse Kobán**

Anstelle eines Vorworts

Stallwache

„Jede Vorstellung eine Premiere" – WALTER FELSENSTEIN. Die ideale Forderung. Dahinter lauerte das Chaos, lauerte die Abstumpfung. Denn des Menschen Natur und Psyche sind nicht darauf eingerichtet, 200mal aus spontanem Impuls präzis genau das Gleiche zu tun – eine Vorstellungszahl, für seine Komische Oper in Berlin durchaus nicht ungewöhnlich. An der Dirigenten-Garderobe des Teatro Colón, Buenos Aires, steht in goldenen Lettern: „Die Routine und die Improvisation sind die beiden Todfeinde der Kunst. Erich Kleiber".

Von der Abhilfe gegen Anarchie und Lethargie handelt dieses Büchlein.

Abendspielleitung, im Berufsjargon Stallwache genannt. Der Abendspielleiter saß im Zuschauerraum, er hatte zu notieren: Abweichungen vom Arrangement, Abweichungen von der Konzeption (Nuancen, wohlgemerkt!), Fehler der Technik, der Beleuchtung, aber auch die Reaktion des Publikums, das hier ganz ernst genommen wurde, um das man rang. Dazu sein Urteil über eventuelle Neubesetzungen sowie – höchst delikat – seine Meinung über den Herrn Dirigenten ... (Theoretisch sollte er ihn konsultieren, aber wer kann schon widerstehen, wenn's einen ankommt, sich mal zu äußern über den gebietenden Herrn im Frack?) Und wenn sich herausstellte, der II. Akt lief bereits, daß der Solist X, der im III. aufzutreten hatte, noch gar nicht im Hause war, dann war es Sache des Abendspielleiters, die bereits laufende Vorstellung zu retten.

Jeweils binnen 24 Stunden hatte sein Bericht dem Intendanten vorzuliegen, auf daß dieser nun wiederum durch Briefe seine Mannen ermahnen konnte, das nächste Mal bitte dem gemeinsam Erarbeiteten wieder näherzukommen. Und im verschärften Falle hatte der Abendspielleiter Proben anzusetzen, von sich aus, wenn er sonst keine Aussicht sah, den Premierenstand wiederherzustellen.

Dies setzte voraus, daß er bei der gemeinsamen Erarbeitung, bei den Proben des Regisseurs dabei war. Die in diesem Büchlein zitiert werden, wurden später Generalintendanten oder Operndirektoren, haben selbst Regie geführt und das Musiktheater Walter Felsensteins weiter entwickelt.

Wer solchen Absprung nicht vollzog, der vertritt die allerwichtigste Kategorie von Mitarbeitern: den Getreuen Ekkehard, der nicht nur die Qualität einer Aufführung, sondern die Tradition des Hauses in Pflege hat; auf den man sich verlassen kann, der genau weiß, wie's gemeint war, und gar nicht selten die Arbeit des Meisters an fremdem Ort mit fremdem Ensemble höchst lebendig wiedererstehen läßt.

Auch dieses Lied vom Braven Mann, wie könnte es anders sein, ist nicht ohne Mißtöne. (Ein Kollege, der nicht mehr zum Hause gehörte, setzte sich selber noch und noch Proben an und machte damit ein kleines Vermögen. Bei einem anderen genügte ein Vierteljahrhundert Pflegedienst an einem der Hits des Hauses für eine Professur neuen Rechts.) Stolz auf das beim Meister Gelernte, juckte es die jungen Leutchen, nun – gegenüber dem Ensemble – auch mal selbst den Meister zu spielen und, obwohl man selbst auf keiner

Bühne je gestanden hatte, den pädagogisch zugespitzten Ton des Chefs nun seinerseits zu pflegen.

Kritikbriefe – ein probates Mittel, sollte man meinen. Die Weltstars, zu Gast in Buenos Aires, fanden das gut: Auf dem Schminktisch lag, was bitte anders werden sollte. Ein Sängerdarsteller in Berlin dagegen, ein Kumpel, dem das Musiktheater im Blut zu liegen schien, kündigte mir die Freundschaft, weil ich ihn – per Brief – kritisiert hatte. Und als gar die Stars der Bayerischen Staatsoper, ausgeliehen nach Berlin, mir klarmachten, wie sie über solche Briefe denken täten – da war nebenan in der Requisite kein Stehplatz mehr zu haben.

Die da kritisiert wurden – und im Detail ohne Zweifel zu Recht –, das waren gestandene Persönlichkeiten, von denen manche auf eine große Vergangenheit zurückblicken konnten, bevor sie sich einordneten in dieses Ensemble, um Vorstellungen mitzutragen, die weltweit Furore machten. Botschaften aus einem Lande, das es eigentlich nicht gab (und nach Meinung unserer Brüder und Schwestern nie hätte geben dürfen). Wenn Josef Burgwinkel als armer Wanderkomödiant in der *Schweigsamen Frau* sich ein zweites Glas vom Begrüßungstrunk unter die Weste mogelte – frommen Biedersinn im sorgengeprägten Antlitz –, dann war das so ein Moment, den man nie wieder vergaß. Doch auch aus dem ungehaltenen Berichtston des jungen Spundes von Abendspielleiter, wenn der alte Barde sich Witzchen nicht verkneifen konnte, die im Text nicht vorgesehen, spricht Verantwortung. Verantwortung gegenüber dem Kunstwerk Aufführung – aber auch dem Publikum der -zigsten Vorstellung.

Wer diese Berichte liest, muß denken: Was für ein Haufen von Rabauken! Aber diese Truppe von schwer Bezähmbaren

Anstelle eines Vorworts

war ein verschworenes Häuflein, das losging wie eine Rakete, wenn's drauf ankam. Und Felsenstein – gestrenger Prinzipal, der er war – liebte seine Getreuen, die für ihn durchs Feuer gingen (und schließlich sofern Westberliner, viermal am Tage durch die Mauer). Gewerkschaft, Parteileitung? Fremdworte! Seine Rede zu Stalins Siebzigstem: eine Rede über sein Musiktheater. Wohlwollende im ZK konnten herauslesen, daß dieses Musiktheater die Geburtstagsgabe sein sollte für Josef Wissarionowitsch.

Die Zeiten haben sich geändert, und zuweilen scheint es, hier werde ein versunkener Kontinent von Theater zur Schau gestellt. Wußte früher der gastierende Sänger, die gastierende Sängerin, auch ohne Probe, wo im *Freischütz* Urvater Kuno an der Wand hing, so hat sich heute solche Praxis, dank sei's dem totalen Regie-Theater, verfeinert: der Gast sitzt am Nachmittag im Assistentenzimmer und beguckt sich einen Videomitschnitt; auf diese Weise gestählt, weiß er dann schon Bescheid, wenn man ihm des Abends flugs zeigt, wo die Kulisse hängt, hinter welcher er aufzutreten hat.

Die in diesem Büchlein dokumentierte Verfahrensweise setzt voraus, daß der Abendspielleiter im Zuschauerraum sitzt und nicht etwa als Hilfsbeatle des Inspizienten auf der Bühne mißbraucht wird, aber mehr noch: daß er wirklich zuschauen kann – eine schwierige Kunst, die Herr Felsenstein uns ans Herz zu legen suchte. Nicht schon vorher wissen, was kommt – also Zuschauer sein, offen sein für unerwartete Eindrücke, sich überraschen lassen. Und trotzdem: exakt wissen, was eigentlich kommen müßte. Immer schön paradox.

Daß auch dieser Herr im schwarzen Anzug (um gegebenenfalls anzusagen, daß Frau Kammersängerin heute abend trotz Indisposition ...), daß auch er gegen Abnutzungserscheinungen nicht gefeit war, sei nicht verheimlicht. Nach 50mal *Zauberflöte* waren Götz Friedrich und ich, die wir uns damals in dieses Ehrenamt teilten, ganz froh, wenn beim Gesang der Geharnischten (anscheinend dem kritischen Punkt der Aufmerksamkeit) Frau Maria, des Meisters Gattin, uns in die Kantine schickte, ihr einen Kaffee zu holen.

Theater ist ein Anachronismus. Es ist das einzige Medium, bei dem „Produktion" und „Ausstrahlung" von den gleichen Leuten, am gleichen Tage und am gleichen Ort stattfinden. Also, früh auf der Bühne ein Bauernvolk, am Abend an gleicher Stätte Pariser Demimonde – wer nicht gerade die Violetta singt oder die Marie, hat beide Male Dienst und dazwischen ein paar Stunden „Freizeit". Alle Hysterie des Theaters rührt daher: Probenaufbau, Probenabbau, Vorstellungsaufbau, Vorstellungsabbau ... Wäre Oper en suite die Lösung, jeden Abend das gleiche Stück? Selbst bei wechselnden Protagonisten: die kleinen Rollen, die Kollektiv-Sparten, Chor, Orchester, täten's nicht überleben – die Talfahrt wäre nicht aufzuhalten.

Der Westberliner Kritiker Steinbeck hat damals prominenteste Vertreter des westdeutschen Musiktheaters gefragt, warum eine Felsenstein-Rezeption dort nicht in Gang kam: „Dazu gehören Arbeitsbedingungen, die für uns nicht erreichbar sind".

Dies Buch ist ein Legenden-Killer. Nicht nur, weil man erfährt, wie es hinter den Kulissen wirklich zuging. Auch die permanent behauptete, „einmalige" Unterstützung durch Partei und Behörden entpuppt sich als Fiktion. Die Komische Oper war Stadttheater – sie unterstand dem Magistrat

Anstelle eines Vorworts

von Ost-Berlin –, die feierlich in den noch herumliegenden Trümmern überreichte Lizenz lautete auf „Städtisches Operettentheater". Man lese einmal nach, wie – trotz einem Gespräch Walter Felsensteins mit Wilhelm Pieck und Zusage des letzteren – die Frage einer Gleichstellung in der Materialbeschaffung mit der Staatsoper monatelang von Dienststelle zu Dienststelle hin- und hergeschoben wurde. Oder wie ein bereits bewilligter Betrag von 50 Westmark für Perückennadeln (nachweislich in der DDR nicht produziert), bewilligt vom Minister für Leichtindustrie, wieder gestrichen wurde vom Minister für Außenhandel und Innerdeutschen Handel.

Legende – für die Anfangsjahre – sind auch die horrenden Gagen (man blieb durchaus auf dem Teppich) oder die fabulösen Probenzeiten für ein Stück; auch bei normalen Voraussetzungen kam Spitzenniveau zustande. Stücke wie *Vogelhändler* oder *Zar und Zimmermann* als große Abende musizierenden Theaters, probiert in Ruinen, die dann eines Tages geräumt werden mußten, waren schon damals begleitet von Forschungsarbeit an den Quellen, von sinngetreuen neuen Übersetzungen, zuweilen, während die Arbeit mit dem Ensemble bereits angelaufen war.

Die Mühen der Ebenen, die mühsam erarbeitete Mühelosigkeit, die Selbstkontrolle im Sichverlieren, Sichverschenken an den unwiederholbaren Augenblick der Bühne. Aber bitte 200mal ...

Die Künstler des Hauses, beim großen Meister stets die Nehmenden, verwandelten sich unversehens in Lehrmeister, wenn so ein grünes Bürschchen sich anheischig machte, in den Heil'gen Hallen (wo mehrere Skelette herumlagen von

Regieleichen, Inszenierungen, die nie das Rampenlicht erblickt hatten) nun seinerseits Regie zu führen – unkund der Weihen! Denn das Haus hatte eine Theorie, keine vorgefaßte, sondern aus der Arbeit herauskristallisiert:

„Pausenlos" sollte die Person auf der Bühne, und sei es der Träger eines Tabletts, Stellung beziehen, erfüllt sein von etwas, sollte etwas wollen, sollte etwas „meinen"; sofern er zu singen hatte, der Musik „voraus" diese gleichsam aus sich heraus neu gebären – in minutiösem Einklang mit Partitur und Dirigent, versteht sich! Nicht aber Musik und Text „aufsagen". Ein Wort wie „intensiv" war ein schwerer Tadel und stand für „ehrgeizig aufgebläht ohne Inhalt", „Dampf" für seine verpönte Steigerung. „Opernbranche", „Vokalidiot" bereicherten den Wortschatz der Verteufelungen. Und zu Beginn jeder Spielzeit die „Regeneration" des gesamten Repertoires: In einem strapaziösen Parforce-Lauf alle Stücke neu probiert. Unter „Musiktheater" verstand man gern nicht etwa schlechthin Theater mit Musik, auch nicht eine Form von Operndarbietung, die das dramatische Potential der Werke bloßlegt, sondern schlicht die theoriegestützte Spielweise der Komischen Oper. Wohingegen ich das Wort „Realismus" weder von Felsenstein noch von seinen Mitarbeitern je gehört habe.

Als Psychologe und Taktiker mindestens ebenso groß wie als Regisseur, hat Felsenstein seine Künstler geschockt und gehätschelt, kritisiert und umworben. Die Rüge in der Umarmung. Als sein unersetzbarer Tenor-Held auf einer Hauptprobe die Partie hinschmiß und von der Bühne ging, der Chef ihm nach, kam dieser nach einer Weile zurück aus der Garderobe des Tenors: „Hab' mich wieder mal zur Hure

Anstelle eines Vorworts

gemacht". Die Probe ging weiter.

Er widerlegte einem gewöhnlich schon das übernächste Argument, das man noch gar nicht vorgebracht hatte. Die Arbeit an der *Wirtin von Pinsk* war fatal heikel gewesen, mir reichte es, und anstatt mir die zweite Vorstellung anzusehen, fuhr ich zur Westberliner Oper und sah dort den von mir geliebten *Oberon*. Der Verwaltungsdirektor zog mir eine Tagesgage ab. Ich war empört, schließlich war ich Regisseur und kein Abenddienst! Termin beim Chef: „Daß Sie nicht verpflichtet waren, der Vorstellung beizuwohnen, steht doch außer Frage. Aber daß Sie das fertiggebracht haben …!" Die Tagesgage bekam ich zurück.

Nicht anders in der Politik, im Umgang mit denen, die das Sagen hatten. Die Komische Oper, nach '61 Staatstheater, sah sich selbst als exterritorial, dank Walter Felsenstein stand Oper in der ganzen Republik unter so etwas wie Naturschutz. Er allein behielt auch nach dem 13. August alle Westberliner Mitglieder, bis hin zu Pförtner und Putzfrau. In *Hoffmanns Erzählungen* gab es eine Szene, da öffnete ein kleines Männlein eine Fensterluke und schaute hernieder auf den Kanal, schaute aus nach der Gondel mit Gulietta. Das kleine Männlein war Dette, der Parkwächter, in seinem früheren Leben Artist. Selbstverständlich reiste er mit der ganzen Truppe nach Paris, zum Theater der Nationen, hatte jedoch seinen Paß vergessen und wurde an der Grenze aussortiert. Empörung der Truppe: „Wenn der Chef dabeigewesen wäre, wäre das nie passiert!" Wir kamen an nach langer Bahnfahrt auf dem Gare de l'Est. Herr Dette empfing uns. Man hatte ihn per Flugzeug hinterhergeschickt – Dette hatte die Komische Oper überholt.

Solche Ausnahmestellung blieb nicht ungefährdet. Ihre härteste Belastungsprobe war just das Stück, in das später sämtliche Gäste des Zentralkomitees delegiert wurden: *Der Fiedler auf dem Dach* – beargwöhnt aus einem gänzlich irrationalen Schuldbewußtsein (das Stück prangert die zaristischen Pogrome an) und schließlich gerettet durch den sowjetischen Botschafter.

Die Unwiederholbarkeit des Theaterabends – sein Ablauf, nicht vorhersehbar. Die Primadonna, die nach dem II. Akt aufhören möchte, „Stimme weg!". Oder „Der Felsenstein, der auf die Venus fiel" bei einer Vorstellung des *Freischütz*, ausgerechnet für die Presse: geniale Idee, die Natur wird lebendig in der Wolfsschlucht, in kaschierte Felsen eingenähte Artisten rollen über die Bühne – einer landet auf einer Cellistin, welche mit Namen Venus hieß. Anscheinend ein Katalog von lauter Verdrießlichkeiten – aber Vorsicht: Schmisse sagen noch nichts aus über die Qualität einer Vorstellung. Eine Vorstellung kann fehlerfrei ablaufen und doch eigentlich gar nicht „stattfinden", und ein saftiger Schmiß kann befreiend wirken. (Ganz abgesehen davon, daß Pannen – nicht anders als die Abende der Beglückung – sich dem Zuschauer am nachhaltigsten einprägen: Als **das** passiert ist, da war ich dabei!)

Seine Chorsolisten, von Walter Felsenstein so getauft, seine Chorregie (noch eine Legende) – weder neu, noch einmalig, aber grandios. Es gibt zwei Extreme, mit Chor zu arbeiten (sofern der Regisseur mit Chor überhaupt etwas anfangen kann): „Also nun macht mal!" oder schrittweise Positionen und Ausdruck erarbeiten. Letzeres kostet Zeit und Mühe, der Chor muß wollen und der Regisseur muß es kön-

Anstelle eines Vorworts

nen. Felsensteins Methode war extrem: Jeder einzelne fühlte sich angesprochen, wurde eingesetzt als ein Individuum, wurde gefordert, kritisiert, wieder gefordert. Der Regisseur Felsenstein: ein Virtuos' im Arrangieren, unerbittlich in seinem Bestehen auf menschlicher Wahrheit.

Und jeder Techniker, jeder Beleuchter war ein Solist hinter den Kulissen. Jahr für Jahr ein paar Scheinwerfer mehr, ein paar Plätze weniger; der einzige Affront gegen sein Publikum. Vorzügliche Akustik, Spiel auf der Vorbühne, Brückenschlag ins Parkett, kein „Graben" zwischen Akteur und Zuschauer – und selbstverständlich Landessprache, textverständlich dargeboten. Maßstab: Lieschen Müller – allerdings ein höchst aufnahmebereites, ein ideales Lieschen. Was sie nicht begreifen konnte, auf Anhieb, das fand nicht statt. Schließlich bekam Felsenstein, was bei jedem Theaterneubau von den Stadtvätern als erstes gestrichen zu werden pflegt: eine Probestätte mit den Maßen der Bühne.

Ein Balance-Akt im geteilten Berlin. Seine Besucher strömten aus Ost und West – und sie kamen nicht selten ein xtes Mal in die gleiche Vorstellung, bei gleicher Besetzung. Qualitätsgarantie – wie erreicht, zeigt dies Büchlein. Bei Erkrankung eines Solisten Umschmiß, ein Lautsprecher dröhnte die Vorstellungsänderung vernehmlich bis zur Friedrichstraße. Bei Nebel keine *Zauberflöte*: die Linienmaschine mit den Herren Holm und Kusche drehte wieder ab gen München.

Und viele meinen: wer dabei war, für den war es die schönste Zeit seines Lebens.

Dresden im Juli 1997   ***Joachim Herz***

Orpheus in der Unterwelt von Jacques Offenbach

22.8.1948 – 25.5.1953, 146 Vorstellungen mit 136 596 Besuchern

Regie: Walter Felsenstein; Ausstattung: Heinz Pfeiffenberger; Musikalische Leitung: Leo Spies, Wolf-Dietrich von Winterfeld, Erich Wittmann; Abendspielleiter: Siegfried Tittert (S.T.), Ellen v. Frankenberg (E.v.F.)

Das Publikum reagierte nur auf Witze
oder
Es kam alles, aber erst nach der Souffleuse

Dem – in seinen Worten – ,,bissigen und sehnsüchtigen Romantiker" Offenbach galt Felsensteins Liebe. Unvergessen sein *Hoffmann* (1958 - 1972) und sein *Blaubart*, der noch bis 1992 auf dem Spielplan der Komischen Oper anzutreffen war – mit 369 Vorstellungen in nahezu drei Jahrzehnten.

Aber die Beschäftigung mit Offenbach reicht weiter zurück. Nach einem Quasi-Berufsverbot in Deutschland war Felsenstein von 1938 bis 1940 als Oberspielleiter der Operette mit Opernregieverpflichtung am Stadttheater in Zürich engagiert. Mit *Orpheus in der Unterwelt* und *Pariser Leben* inszenierte er dort zwei Werke, die er dann später an seiner Komischen Oper nochmals erarbeitete.

Aber auch Felsensteins erste Inszenierung im Nachkriegs-Berlin galt diesem lange Zeit nicht gespielten, weil verbotenen Komponisten. Im Dezember 1945 wurde die Inszenierung von *Pariser Leben* am Hebbel-Theater nachgerade zur ,,Initialzündung" für die Gründung der ,,Komischen Oper" in Berlin. Der erste Offenbach an dieser Komischen Oper – ein Jahr nach ihrer Gründung im Jahre 1947 – war dann der *Orpheus in der Unterwelt*.

Aribert Wäscher als ,,umfangreicher" Gottvater Jupiter, genannt Jupi, wurde in allen Kritiken bejubelt. Zweimal müsse er essen – so Wäscher zu einem Kulturoffizier der

Kapitel I

Sowjetischen Militäradministration –, um seinen Bauch zu erhalten. Der Offizier verstand das wohl, daß zu Wäschers „Fach" eben dieser Bauch gehört: „Ich konnte ihm doch kein zusätzliches Essen geben lassen – aber in der Möwe konnten wir helfen!" Denn in der „Möwe", dem Künstlerklub in der Luisenstraße, gab es auf Anweisung der Besatzungsmacht für Künstler Essen ohne Lebensmittelkarten.

Willi Schmidt, der Bühnenbildner der *Pariser Leben*-Inszenierung von 1945, schrieb Felsenstein nach der Premiere des *Orpheus*: „Ich glaube, daß man Offenbach nicht einfühlsamer interpretieren kann, als Sie es getan haben, und ich glaube, daß niemand ihn so gut verstehen und aufnehmen kann wie gerade unsere Generation, die so nahe am Abgründigen angesiedelt ist. [...] Ja, und dann kam der 3. Akt und jene makabre Frivolität, jene dionysische Todessehnsucht begann, von der ich glaube, daß sie Offenbachs eigentliches Signum ist. Deshalb war der Prinz von Arkadien vielleicht doch der stärkste Eindruck des Abends für mich trotz des ‚Fliegen-Duetts', das Wäscher in wahrhaft ‚göttlicher' Grazie meisterte."

Orpheus in der Unterwelt

Sehr geehrter Herr Friedrichs! *9.1.1952*

Ich lese eben Ihre *Orpheus*-Besprechung in der Nummer vom 5. dieses Monats [National-Zeitung]. Diese sehr beifällige Besprechung hat mich aufrichtig gefreut und erfordert eine Rechtfertigung dafür, daß für diese Aufführung keine Presse-Einladungen ergangen sind. Die Wiederaufnahme von *Orpheus in der Unterwelt* war ursprünglich nicht geplant. Der Zeitraum, in dem *Orpheus* in einer fast komplett neuen Besetzung herausgebracht wurde, war für die an meinem Hause übliche Arbeitsmethode sehr kurz. *Orpheus in der Unterwelt* ist ein Gipfel der Gattung Opéra comique und nur in seinem Original und in seiner Substanz zu unbekannt, um als solcher anerkannt zu werden.

Ich habe das Stück jetzt zum dritten Male inszeniert und seinerzeit selbst übersetzt (es gab im übrigen bisher niemals eine auch nur annähernd genaue Übersetzung des französischen Originals) und kenne das Stück wirklich genau. Ich bin der Meinung, daß im Verhältnis zu der qualitativen Entwicklung, die die Komische Oper in den letzten drei Jahren genommen hat, wir in der Lage sein müßten, dieses Stück so vorbildlich, unmißverständlich und gültig zu bringen, wie es dieser meiner Werk-Kenntnis entspricht. Wir können das in diesem Maße nicht – und innerhalb einer so kurzen Einstudierungsperiode, wie sie erforderlich war, erst recht nicht. Das ist der Grund, warum ich Premiere- und Presseeinladungen nicht ergehen ließ und auch nicht ergehen lassen werde. Daß Sie sich trotzdem dazu öffentlich äußerten, noch dazu so positiv, ist für uns höchst erfreulich.

Kapitel I

Nicht erfreulich aber ist der der Spielplan-Situation der Komischen Oper gewidmete erste Abschnitt Ihrer Besprechung. Ich habe immer schärfere Kritik, als sie bisher geübt wurde, allgemein gefordert und möchte betonen, daß ich für jede sachliche Kritik nicht nur zugänglich, sondern dankbar bin. Was Sie aber in diesen siebzehn Zeilen schreiben, ist für mich unverständlich. Ich wäre im vergangenen Jahre „an Premieren alles schuldig geblieben" – das ist doch eine Unwahrheit, die von der nicht genau informierten und nicht nachprüfenden Öffentlichkeit als bare Münze hingenommen wird. Wenn Sie in der Anzahl von Premieren eine verfehlte Spielplanpolitik sehen, so muß ich Ihnen leider eingestehen, daß diese Spielplanpolitik solcher Art verfehlt bleibt. Man kann darüber verschiedener Meinung sein, ob der Versuch unseres Institutes, Aufführungen im Sinne eines gültigen Musiktheaters zu schaffen, fortgesetzt werden soll oder nicht. Wenn man diese Frage bejaht, so muß man Arbeitsmethoden und Niveau-Ansprüche anerkennen, wie sie an sämtlichen anderen Bühnen, wo auch musiziert wird, nicht bekannt sind. [...] Wenn also ein Uneingeweihter Ihren Satz liest: „Intendant Walter Felsenstein wird sich dazu entschließen müssen, endlich ein eigenes Ensemble aufzubauen und die Stücke doppelt zu besetzen, damit sein Spielplan abwechslungsreicher und gesicherter laufen kann", so bekommt er unweigerlich den Eindruck, daß der Intendant Felsenstein auf der faulen Haut liegt. Halten Sie das für unsere immerhin gemeinsamen Ziele für förderlich?

Orpheus in der Unterwelt

Haben Sie jemals die Öffentlichkeit darauf aufmerksam gemacht, daß trotz der feindseligen Verfügungen des West-Magistrats und solcher Abhaltungsversuche vom Auftreten im Demokratischen Sektor die Komische Oper von allen Bühnen der DDR die meisten Mitglieder aus Westberlin und Westdeutschland beschäftigt? Was die Komische Oper alles unternimmt, um den deutschen Nachwuchs zu entdecken und heranzuziehen?

Ich könnte mich darüber noch sehr viel ausführlicher verbreiten, aber ich möchte diesem Brief keine polemische Note geben und kann es auch gar nicht, denn Sie haben eine Zeitung zur Verfügung, in der Sie schreiben können, und ich nicht.

Ich möchte nur im Interesse unseres künftigen Kontaktes und unserer künftigen Zusammenarbeit aufrichtigerweise Ihnen meine große Verärgerung nicht vorenthalten, daß Sie in so schweren Zeiten, in denen die Existenz eines so exponierten Institutes, wie die Komische Oper es ist, immer wieder in Frage gestellt wird, derart verwirrende und unfreundliche Äußerungen von sich geben.

Mit vorzüglicher Hochachtung! *Walter Felsenstein*

31.12.1951. Herr Korsch* ist in seiner Darstellung ziemlich unkontrollierbar – wie auch schon auf den Proben. Man ist bei ihm nie vor Überraschungen sicher, dennoch scheint mir bestes Wollen vorhanden und für das Publikum ziemliche Wirksamkeit. Herr Hülgert erreicht als Jupiter nicht die

---

* *Hinweise zu den Rollen am Ende des Kapitels; zu den Darstellern im Anhang.*

Kapitel I

letzte verworfene Verkommenheit wie seinerzeit Wäscher. Was bei Wäscher panische Angst und Schrecken war, bringt er als abwehrende Aktivität. Gewisse szenische Extempores kann man ihm wohl durchaus erlauben, wenn sie nicht stärker werden. *S.T.*

21.1.1952. Die zweite Vorstellung nach der Wiederaufnahme war völlig unzureichend. Sie stand durchweg unter einer sehr starken textlichen Unsicherheit von Herrn Hülgert, der sich darauf beschränkte, fast den ganzen Abend durch zu extemporieren. Die Extempores* waren so, daß sie für unser Haus nicht tragbar sind. *S.T.*

23.1.1952. Herrn Korsch hat die letzte Probe im Grunde gar nichts genützt. Um beim Duett im Tempo zu bleiben, wandte er sich an den Dirigenten. Solange sein Ausdruck beim Geigenspiel sich darauf beschränkt, wie ein eifriges Kind die Zunge zum Vorschein zu bringen beim Mühegeben, wird wohl kein dämonisches Geigenspiel zustande kommen.

So hat der Zuschauer eher den Eindruck, als habe Eurydike irgendwelche Schmerzen, und Orpheus hupft hinterher und freut sich darüber. Herr Hülgert brachte sämtlichen Text.

---

* *Eigenmächtige Textveränderung zumeist kalauernden oder politisch-aktuellen Inhalts. An der Komischen Oper als Abweichung vom Original verpönt.*

Orpheus in der Unterwelt

Als neues Extempore kam die „olympische Handelsorganisation"*. *E.v.F.*

2.2.1952. Das 2. Bild leidet unter Herrn Hülgerts Bemühung, den Text zu finden. Dem Publikum blieb der tiefere Spaß verborgen, aber es gab guten Applaus. *E.v.F.*

3.2.1952, vormittags. Sondervorstellung für Aufbauarbeiter: Die Vorstellung hatte alle Momente, die Vormittags-Vorstellungen auszeichnen. Es war keine von den guten.

Herr Hülgert erinnerte sich nur gelegentlich an den eigentlichen Text seiner Rolle und auch dann war er gezwungen, meist zu extemporieren. Dabei waren dann einige Extempores, die nicht gut waren. Gott sei Dank wiederholte er diese in der Abendvorstellung nach ausdrücklicher Rücksprache mit ihm nicht wieder.

Ich glaube außerdem, daß dieses Werk für eine solche Veranstaltung nicht sehr geeignet ist, da doch gewisse bildungsmäßige Voraussetzungen beim Publikum unbedingt gegeben sein müssen. Dennoch hatte es an manchen Szenen besondere Freude, ohne den eigentlichen Zusammenhang zu ahnen. *S.T.*

3.2.1952, abends. Trotz der starken Belastung des Ensembles – drei Vorstellungen in zwei Tagen – war die Abendvorstellung durchweg gut. Herr Hülgert war textlich relativ si-

---

*Jupiter beruft eine „Olympische Kommission" ein, um mit deren Hilfe Eurydike aufzutreiben, die ja von Pluto versteckt gehalten wird. Hülgert spielte auf die Verkaufseinrichtung HO (Handels-Organisation) an, in der man ohne Lebensmittelkarten für entsprechend mehr Geld einkaufen konnte.

Kapitel I

cher und ließ sich zu keinem Extempore hinreißen. Herr Korsch drückt immer mehr auf die Tube. Es ist ein Wunder, wie man überhaupt so viel singen kann, wenn man sich jedesmal ohne Notwendigkeit die Seele aus dem Leibe brüllt. *S.T.*

7.2.1952. Die Leistung von Herrn Stolze finde ich darstellerisch beachtlich, um so mehr, da er wohl bisher gewohnt war, nur klangvolle Partien zu bringen. Er ist jedesmal unverändert und macht aus der Partie wirklich das, was sie auch ist, eine der interessantesten Charaktere des Stückes. *S.T.*

26.2.1952. Das Duett zwischen Eurydike und Orpheus im 1. Bild war so gut wie noch nie. Nicht unwesentlich mag dazu beigetragen haben, daß Herr Korsch – noch nicht wieder voll gesundet – gezwungen war, sich etwas zu schonen, und er so auf ein erträgliches Maß der Darstellungsintensität (ohne es zu wollen) zurückgedrängt wurde. *S.T.*

11.3.1952. Es war keine gute Vorstellung. Herr Hülgert scheint sämtliche Probenerinnerungen verloren zu haben. Er schreit seinen Dialog auf die nämliche Weise unvariiert auf seinem ihm eigenen Ton heraus und Frau Döhle kommt da sehr gut mit.

Orpheus in der Unterwelt

Herr Wittmann hatte einen Abend der langsamen Tempi. Mit der Steigerung zum Cancan fing er so vorsichtig an, daß es für einen weiteren Cancan gereicht hätte. Beim Fliegen-Duett irrte sich Herr Hülgert räumlich. *E.v.F.*

Sehr geehrter Herr Link!* *17.3.1952*

Ich glaube, trotz Ihrer kurzen Amtszeit ist Ihnen bekannt, wie lange wir uns bereits um eine geeignete Probebühne bemühen. Ohne eine Probebühne in den Originalausmaßen der wirklichen Bühne ist ein Produktionsbetrieb bekanntlich unmöglich. Ich muß Sie, um Ihnen die Konsequenzen, zu denen ich entschlossen bin, zu rechtfertigen, kurz über den Verlauf dieser Angelegenheit seit Gründung der Komischen Oper orientieren.

Bereits bei Lizenzerteilung im Jahre 1947 machte ich diese Forderung zu einer Existenzfrage des Betriebes und erhielt sowohl von seiten des damals noch nicht gespaltenen Magistrats wie von seiten der Sowjetischen Kommandantur dezidierte Zusagen, die ich mir – in meinem Vertrauen – leider nicht schriftlich geben ließ und deren Nichteinhaltung gegenüber ich daher, zumindest juristisch, ohnmächtig blieb. Wir haben uns – von den zuständigen Behörden weiterhin völlig im Stich gelassen – selbst um Kompromißlösungen

* *Magistrat von Groß-Berlin/Hauptamt Kunst*

Kapitel I

bemüht, die immer wieder für eine künstlerische Produktion unwürdig waren, aber uns in die Lage setzten, den Betrieb aufrechtzuerhalten.

Ich gebe zu, daß diese Selbsthilfe mein größter Fehler war, denn es stellte sich heraus, daß man aus diesen selbstgefundenen Notlösungen* immer mehr eine selbstverständliche Regel konstruierte. Die Komische Oper hat zweifellos den schönsten Zuschauerraum in ganz Berlin einschließlich des Westens.

Seit Gründung des Institutes habe ich keine Gelegenheit versäumt, immer wieder darauf hinzuweisen, wie kurzsichtig und unwirtschaftlich es ist, sich mit den bestehenden Verhältnissen zu begnügen, statt diesem schönsten Theaterraum

---

* *Waren nötig, da in dem erst teilweise wieder aufgebauten Haus entscheidende Räume fehlten. Bei der Vertragsunterzeichnung hatte Felsenstein 1947 gefordert, daß bis Sommer 1948 Probebühne, Chor- und Ballettsaal zur Verfügung stünden. Ständige Mahn- und harsche Beschwerdebriefe an die zuständigen Behörden belegen Felsensteins Kampf darum. Erst 1965/66 (nach 18 Jahren!) erfolgte endlich der Einbau einer „echten" Probebühne, wurden Garderoben sowie Sanitäranlagen gebaut bzw. vergrößert und die Verwaltung Unter den Linden verselbständigt. Einen Orchesterproberaum gibt es bis heute nicht.*

Orpheus in der Unterwelt

eine entsprechende Bühne und die unentbehrlichen Nebenräume zu geben.

Ich ließ vor dreieinhalb Jahren einen Erweiterungsbau entwerfen und errechnen. Die Kosten waren verhältnismäßig gar nicht bedeutend. Das Projekt scheiterte aber an den Eigentumsverhältnissen des einer schwedischen Zündholzfirma eigenen Grundstückes. Auf etwas mysteriöse Art sind die Unterlagen dieses Projektes unauffindbar geworden, angeblich im Verlauf der Umorganisation und der personellen Umbesetzungen bei der Spaltung des Berliner Magistrats abhanden gekommen. Ich gebe zu, daß mein unablässiger Kampf um dieses Projekt in ein Stadium bitterer Resignation getreten ist, da einerseits meine Behördenanregungen immer wieder im Sande verlaufen sind, andererseits meine bisherigen Verwaltungsdirektoren und technischen Leiter zu einer kämpferischen Initiative in dieser Angelegenheit nicht fähig waren.

Ich mietete vor zwei Jahren im ehemaligen Marstallgebäude in der Breitestraße einen in der Ausdehnung geeigneten, freilich niemals ausreichend heizbaren Raum. Und in dieser schandbaren Ruine entstanden die Inszenierungen der Komischen Oper. Meine vorgesetzten Behörden und meine Mitarbeiter fanden das so in Ordnung.

Kapitel I

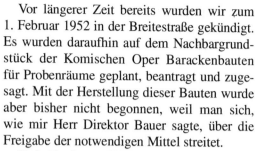

Vor längerer Zeit bereits wurden wir zum 1. Februar 1952 in der Breitestraße gekündigt. Es wurden daraufhin auf dem Nachbargrundstück der Komischen Oper Barackenbauten für Probenräume geplant, beantragt und zugesagt. Mit der Herstellung dieser Bauten wurde aber bisher nicht begonnen, weil man sich, wie mir Herr Direktor Bauer sagte, über die Freigabe der notwendigen Mittel streitet.

Daß überhaupt Werke einstudiert werden können, ist nur dem Umstand zu verdanken, daß wir in der Breitestraße – freilich mit mehrfachen durch den Raum bedingten Erkältungserkrankungen der Sänger – über den Kündigungstermin hinaus arbeiten konnten. Heute, am 17. März muß das Lokal endgültig geräumt werden. Außerdem haben wir den einzigen zur Verfügung stehenden Chorsaal und für kleinere szenische Proben bisher verwendeten Raum in der Behrenstraße bis zum 30. April ebenfalls zu räumen. Über einen Orchester-Probenraum verfügen wir ebenfalls nicht. Die bisherigen Orchesterproben fanden entweder vor den Aufführungen im Orchesterraum unseres Hauses oder in einem tageweise gemieteten Raum statt.

Sehr geehrter Herr Link, Sie ersehen aus diesem Bericht, daß wir in der nächsten Zukunft weder szenische Proben außerhalb unserer Bühne, noch Orchesterproben und ab 30. April auch keine Chorproben mehr abhalten können. Die unausweichliche Folge ist eine Einstellung jeglicher Neuproduktion. Diese Situation ist eine Blamage, für die ich persönlich die Verantwortung nicht übernehmen kann und auch unter keinen Umständen übernehmen will. Ich warte noch bis

Orpheus in der Unterwelt

Sonnabend, den 22. auf eine termingemäße Garantie für die Erstellung geeigneter Probenräume. Besteht bis dahin eine ausreichende Garantie nicht, so werde ich der Öffentlichkeit die Arbeitsunfähigkeit der Komischen Oper mitteilen und begründen.

Ich bitte Sie, diesen Entschluß, der unverrückbar ist, zu verstehen und hoffe, daß Sie, als die nächste mir unmittelbar vorgesetzte Instanz, durch konkrete und rigorose Maßnahmen diesen Skandal vermeiden werden!

Mit vorzüglichster Hochachtung! *Walter Felsenstein*

8.4.1952. Herr Korsch ist besser geworden. Im Dialog mit Frau Jürgens wird er aber mit der „gespielten" hilflosen Entrüstung nicht fertig. Er schnappt fortwährend nach Luft und die Reaktion auf ihre Vorwürfe kommt dann nicht, so daß es chargiert wirkt. Ich glaube, seine fortwährende Entrüstung dauert ihm selbst zu lange.

Die Technik hat es nicht fertiggebracht, das Wolkenbild ohne Bohrer zu befestigen. Er steckte an der sichtbarsten Stelle. Bis jetzt habe ich von Herrn Klapproth nur Gründe und Versprechungen bekommen, aber jedesmal Bohrer vorgefunden. Ich wundere mich, daß das Spott-Couplet keine Probe bekommt. Es war noch nie in Ordnung. Von Frau Inden versteht man im 2. Rang kein Wort. Herr Mühlhardt geht unter und selbst Frau Arnold ist nicht „drauf".

Meiner Meinung nach ist der Prolog von Frau Brummerhoff eine verfahrene Angelegenheit seit der letzten Probe geworden. Sie findet es nicht gut, wie sie es seit dieser Probe ihrer Meinung nach machen soll, ich finde, daß sie mißverstanden hat, daß sie es so machen soll – aber sie sagt, daß der Intendant den neuen Versuch gesehen hat und richtig fände. Da weiß ich nun nicht. Jedenfalls ist der Anfang böse und ohne hinterhältige Verbindlichkeit zum Publikum. (Ich habe es schließlich schriftlich, daß es so gemeint ist. Abgesehen davon, daß ich es richtig finde.)   *E.v.F.*

13.4.1952. Trotz der vorangegangenen Nachmittags-Vorstellung wies die Aufführung nicht eine Spur von Müdigkeit auf. Es war eine der besten Aufführungen der letzten Zeit. Herr v. Winterfeld kam sehr geschickt mit dem Werk zurecht und es trat den ganzen Abend keine Störung zwischen Orchester und Bühne auf.

Das Publikum hatte seine helle Freude an dem Abend. Dies teilte sich der Bühne mit, so daß eine gute Festtagsaufführung zustande kam.   *S.T.*

Werter Genosse Lauter!*   *17.5.1952*

Am Freitag, dem 16.5. hatte ich eine Unterredung mit Intendant Felsenstein und kann jetzt konkret seine Wünsche übermitteln, da die vorhergehenden Informationen durch die Genossen des Hauptkunstamtes unvollständig waren.

Intendant Felsenstein erklärt, daß die Schaffung einer Probebühne mit Orchester-Proberaum, Chorraum und 4 Solo-Probezimmern in einem einheitlichen Objekt eine dringende Notwendigkeit darstellt, anderenfalls die Fortführung der Ar-

---
* *Zentralkomitee der SED*

Orpheus in der Unterwelt

beit in der Komischen Oper fast unmöglich erscheint. Bisher benutzte Räume stehen nach seiner Meinung nicht mehr zur Verfügung.

Sollte eine Probebühne oder ein weiteres Provisorium für die Vorbereitung der kommenden Spielzeit nicht geschaffen werden können, erklärte Felsenstein, daß er in Zukunft die doppelte Zeit für die Einstudierung eines Stückes benötigt und monatlich 5 - 6 Vorstellungen ausfallen müßten. Die finanziellen Ausfälle würden erheblich höhere sein, als für den Bau einer Probebühne aufzuwenden wären.

In unserer Unterredung erklärte ich ihm, daß ich bereit bin, die vorliegenden Pläne zu studieren und mit einigen Fachleuten zu besprechen um festzustellen, welche Materialien tatsächlich benötigt werden. Weiterhin würde ich mich bemühen, Räume ausfindig zu machen, die für die provisorische Einrichtung einer Probebühne usw. geeignet erscheinen.

Für den Abschluß eines Einzelvertrages mit Intendant Felsenstein ist nach seiner Auffassung die Lösung des Problems der Probebühne vordringlich, da es nach seiner Erklärung ein großer Teil der Künstler ablehnen würde, Verträge mit Felsenstein abzuschließen, wenn er selbst noch keinen Einzelvertrag besitzt.

Mit sozialistischem Gruß *Ernst Hoffmann*
1. Sekretär SED Landesleitung Groß-Berlin

Kapitel I

2.6.1952. Herr Korsch wird von Vorstellung zu Vorstellung besser. Es hat immer Stellen für ihn gegeben, die er noch nicht hatte, in jeder Vorstellung werden es weniger. „Nur eine Stunde oder zwei" verunglückt zwar fast jedes Mal. Herr Wittmann muß ihn retten.

Die Leuchtschrift auf der Tür: Der Anfang jeder neuen Zeile kam zu spät. Das Orchester mußte deshalb das Tremolo endlos halten. Herr Hülgert müßte sich wieder seinen Text ansehen. Es kam alles – aber erst nach der Souffleuse. Herr Mühlhardt scheint nicht viel Spaß an seiner Rolle zu haben – er wird schlechter.
E.v.F.

16.6.1952. Es war eine Vorstellung, die „zündete" beim Publikum. Trotzdem muß ich sagen, daß es ein Abend der „falschen Weichen" war. 1. Bild: Frau Jürgens war mit irgend einem Überschwang behaftet. Herr Korsch: das Geigenspiel wird nun immer richtiger. Der 2. Auftritt, die Entdeckung der Handschrift seiner Frau, nicht. Herr Dicks: Statt des Spaßes, einen Schäfer zu spielen, kommt ein aufgesetzter Schäfer.

Herr Hülgert: „Treibt von mir aus, was Ihr wollt, aber laßt euch nicht erwischen" – Szenenapplaus von den jugendlichen Zuschauern. Das Fliegen-Duett war besonders gut. 4. Bild: Der 1. Chor ist ein Chor von Biertrinkern geworden. Das Aufstehen der verschiedenen Gruppen zu gemütlich. Herr Wittmann arbeitete verzweifelt, um sie zu bekommen. Aber auch er, fand ich, hatte einen Abend der gedehnten Tempi.
E.v.F.

Orpheus in der Unterwelt

Orpheus Freitag, 20. 6.

Es war eine ganz gute Vorstellung.
Es liegt nicht an den Hauptdarstellern, wenn es keine gute Vorstellung wird.
Es liegt daran, daß das 2. und 5. Bild probebedürftig sind.
Es war eine Vorstellung ohne besondere Vorkommnisse. Das Publikum reagierte nur auf Witze. Trotzdem blieb Herr Hülgert brav und das Fliegenduett war reizend.

Sehr geehrter, lieber Herr Brandt! *15.4.1953*

Trotz der uns gemeinsam bekannten zeitlichen Bedrängtheit und personellen Sorgen war der technische Verlauf der gestrigen Wiederaufnahme von *Orpheus in der Unterwelt* so mustergültig, daß ich Ihnen auch auf diesem Wege meinen ganz besonderen Dank und meine Freude zum Ausdruck bringen möchte. Ich möchte sehr herzlich bitten, auch dem gesamten Bühnenpersonal meine aufrichtige Anerkennung und meinen herzlichsten Dank zu übermitteln, sowohl für den beispielhaften und disziplinierten Einsatz bei den Umbauten am Abend, wie auch für die in ihrer Konzentration sehr anspruchsvolle und anstrengende Wiedereinstudierungsperiode. Die alten Mitarbeiter können auf ihre Umsicht und Anleitung des neuen Personals stolz sein, die neuen Kollegen nicht minder stolz auf ihr rasches und ehrgeiziges Einfühlungsvermögen.

Der gestrige Abend müßte uns allen in unserer Sorge um den technischen Apparat Mut und Auftrieb geben.

Mit herzlichen Grüßen an Sie und alle Mitarbeiter
Ihr Walter Felsenstein

Kapitel I

Sehr verehrte, liebe Damen und Herren Chorsolisten! *15.4.1953*

Die in den Garderoben angeschlagenen Kritikzettel hatten sich in den letzten Jahren ein klein wenig verbraucht und sind daher selten geworden.

Ich kann aber heute nicht umhin, Sie – in meinem ganzen Stolz auf unsere jahrelange gemeinsame Arbeit – zu Ihrer Leistung bei der Wiederaufnahme des *Orpheus in der Unterwelt* auf das herzlichste zu beglückwünschen. Sie haben an dem Verhalten des Publikums, das heute bestimmt nicht ohne weiteres ein Verhältnis zu Offenbach hat, gesehen und erkannt, wie das emotionell wahre und vor allem präzise Theaterspielen ankommt und bedankt wird. Lassen Sie uns daraus – wie schon so oft – abermals die Lehre ziehen, wie untragbar und indiskutabel jede Art von Routine ist.

Überstehen Sie bitte mit Ihrer bewundernswerten Ausdauer und Disziplin noch die nächsten harten Tage bis zur *Verkauften Braut* und seien Sie herzlichst bedankt und gegrüßt von *Ihrem Walter Felsenstein*

Erhellende Hinweise zu den Stückfiguren

Irmgard **Arnold** – *Diana*
Göttin der Jagd, eine Tochter Jupiters, Mittummlerin im Götterhimmel. Rebelliert ebenfalls wie die anderen Jung-Götter gegen Altvater Jupis Götterregime – vor allem gegen die nervtötende, alltäglich verordnete Nahrungsaufnahme in Form von Ambrosia und Nektar.

Charlotte **Brummerhoff** – *Die öffentliche Meinung*
Eine ominöse weltliche Person, die – wie immer und auch heute noch – alles besser weiß. Bedrängt Orpheus, Eurydike zurückzuholen, andernfalls droht sie mit Rufmord in bezug auf sein Künstler- und Beamtentum, woraufhin er sich dann schließlich in Bewegung setzt.

Wilhelm-Walther **Dicks** – *Pluto*
Chef der Unterwelt, des Schattenreiches, und somit Gegenspieler des Chefs im Olymp; ist entgegen besseren Wissens ständig bemüht, die Interessensphären des Himmels und der Hölle zu vereinen; entführt, als Nachbar oder Schäfer Aristeus getarnt, Eurydike in die Unterwelt.

Ena **Döhle** – *Juno*
Gemahlin von Jupiter, resolute Verteidigerin und Hüterin der Institution Ehe. Sie kann nur ohnmächtig zusehen, welchen Einfallsreichtum ihr Göttergatte entwickelt, wenn es darum geht, sich zu verformen, um sich begehrenswerten weltlichen Damen intim zu nähern.

Alfred **Hülgert** – *Jupiter*
Gottvater, sehr erfindungs- und fintenreich beim Werben um das

jeweilige Objekt seiner Begierde. Um zu der vom Herrscher der Unterwelt, Pluto, gefangengehaltenen Eurydike zu gelangen, bleibt ihm außergewöhnlicherweise nichts anderes übrig, als sich in eine Fliege zu verwandeln, damit er dergestalt durch das Schlüsselloch paßt, um in ihr Gemach eindringen zu können.

Ruth **Inden** – Venus

Göttin der Liebe, schönste der Göttinnen und Tochter Jupiters aus einem Seitensprung mit Dione, die aufgrund ihrer göttlichen Zuständigkeit sicher sehr viel Verständnis für die Eskapaden ihres Herrn Papa aufbringt. Gattin des Gottes Vulkan, was sie nicht hindert, mit Mars ins Gerede zu kommen.

Annemarie **Jürgens** – Eurydike

Ihr wird zugemutet, erst das Geigenspiel ihres Gatten Orpheus ertragen zu müssen, dann von Pluto in die Hölle entführt und schließlich von Jupiter persönlich – in Gestalt einer Fliege – begehrt zu werden. Läßt sich aber letztendlich bereitwillig vom Obersten des Götterhimmels zur Bacchantin küren, weil sie aufgrund der Ereignisse schnell mitgekriegt hat, daß weder mit den weltlichen noch mit den göttlichen Herren etwas sie Befriedigendes anzufangen ist.

Bernhard **Korsch** – Orpheus

Musikprofessor in Theben – heute würde man Musprof dazu sagen. Er hat offenbar über seinem Geigenspiel seine Gemahlin etwas vernachlässigt und ist eigentlich froh darüber, daß sie ihm entführt wurde, denn er selbst hat sein Interesse für die Nymphe Cloë entdeckt. Es bleibt ihm jedoch unter dem Druck der „Öffentlichen Meinung" (siehe oben) nichts anderes übrig, als sich auf den Weg zu begeben, um Eurydike aus der Unterwelt wieder herauszuholen. Das mißlingt am Ende jedoch gründlich, weil der listenreiche Jupiter ihm – als er schon geglaubt hat, den Grenzfluß, der Irdisches von Über- bzw. Unterirdischem scheidet, überquert zu haben –, einen Blitz nachsendet. Das ist natürlich eine große Böswilligkeit, denn vor Schreck wendet sich Orpheus prompt um – eine Bewegung, die aber den endgültigen Verlust Eurydikes mit sich bringt.

Kurt **Mühlhardt** – Mars, Kriegsgott

der sich von Jupiter ob der Zustände in der Welt Unfähigkeit vorwerfen lassen muß.

Gerhard **Stolze** – John Styx

Als schattenhafter, pausenlos Lethe verkonsumierender Diener im Totenreich seines Unterweltsherrn Pluto trauert er besseren Zeiten als „Prinz von Arkadien" nach.

Der Vogelhändler von Carl Zeller

8.12.1949 - 5.7.1955, 281 Vorstellungen mit 297 312 Besuchern

Regie: Walter Felsenstein; Ausstattung: Heinz Pfeiffenberger; Musikalische Leitung: Wolf-Dietrich von Winterfeld, Erich Wittmann, Albert Müller, Leo Spies, Herbert Guthan; Abendspielleiter: Ernst Rehm (E.R.), Heinz Wächtler (H.W.), Siegfried Tittert (S.T.), Ellen von Frankenberg (E.v.F.)

Der Applaus wurde bedrohlich
oder
Das Schwein bellte vor Wut

Ein Abendspielleiter weiß zu berichten, daß er Felsenstein nie herzlicher lachen sah als über das Prodekan-Duett im *Vogelhändler*.

„Wenn er zu tun hatte, abends über seinen Brief-Diktaten saß, wenn das Prodekan-Duett kam, rannte er hinüber in die´ Loge, so rasch, daß er sich einmal den Kopf an den Scheinwerfern stieß und mit einer Beule wiederkam. Aber das wollte er sehen: Egon Brosig und Martin Rosen – das ist unvergessen. Mir gegenüber bezeichnete er die Regie dieses Duetts als seine gelungenste Klamotte."

Glaubwürdig überliefert ist auch, daß Brecht sich vor Freude auf die Schenkel geklopft hat über das, was da auf der Bühne vor sich ging.

Zu den beiden erwähnten Prodekanen Süffle und Würmchen kam als Dritter im Bunde der Baron von Weps des Josef Burgwinkel. Burgwinkel, ein Protagonist des Hauses, war offensichtlich ein Liebhaber des von Felsenstein verabscheuten Extempores. So hat er eben auch auf die Frage im Stück: „Wie heißt du?" offenbar nur höchst selten die im Text vorgeschriebene Antwort „Innocenz" gegeben. Er erdachte dafür die vielfältigsten Varianten – und die Kollegen verharrten in Spannung, was käme. Einmal war dann auch die Antwort „Knautschke" – im Berliner Zoo war gerade ein Nilpferd geboren worden.

Kapitel II

Aus den Vorstellungsberichten ist zu entnehmen, daß es häufig Schwierigkeiten mit dem „Schwein" gab. Dieses Schwein ist sozusagen die Hauptfigur in der Exposition des Stückes: Seine Durchlaucht Ladislaus haben angekündigt, daß er komme, um in seinem Revier Wildschweine zu jagen. Die Bauern erkennen plötzlich entsetzt, daß es nichts mehr zu Jagen gibt – alle Wildschweine wurden von ihnen bereits gewildert, denn „umso größer das Pläsier, bei der Jagd im (verbotenen) fürstlichen Revier". Also muß ein Ersatzschwein her – gezwungenermaßen ein Hausschwein. Zum Glück haben Durchlaucht schlechte Augen und so wird denn das Hausschwein, um es dem wilden Bruder täuschend ähnlich zu machen, schwarz angestrichen. Das bedeutet für die Regie, falls sich nur ein von Natur aus dunkles Schwein für diese „Rolle" als geeignet herausstellt, daß es – bevor es schwarz angestrichen wird – erstmal rosa einzufärben ist. Daß das dem armen Schwein nicht so gefiel, ist nachzulesen.

Der Vogelhändler

Lieber Herr von Winterfeld! *12.9.1950*

Wir brauchen uns über den gestrigen Abend, glaube ich, kaum mehr zu unterhalten. Die Leistungen von Mayer-Gänsbacher und Burgwinkel waren so katastrophal, daß ich beiden die ernsthaftesten Briefe geschrieben habe, die ich seit meinem Amtsantritt überhaupt verfaßte. Für diese beiden Leistungen gilt auch nicht die Entschuldigung einer Probenermüdung.

Ich bitte aber auch Sie, sich mit dem Problem dieser Aufführung bis zum Donnerstag ernstlich auseinanderzusetzen, denn, obgleich Sie an dem Versagen dieser Leute, und damit der ganzen Aufführung, keine Schuld  trifft, so muß ich Ihnen doch den Vorwurf machen, daß Sie in Ihrer Neigung, sich deprimieren zu lassen, nicht mehr vom Pult her eingegriffen haben, um die Sache zugunsten einer besseren Atmosphäre in die Hand zu bekommen.

Ich weiß, nach so einer langen und mit Unappetitlichkeit angefüllten Aufführungsserie eines Stückes ist das nicht leicht. Aber Sie können Ihre Aufgabe nicht erfüllen, wenn Sie Ihr inneres Seufzen darüber nicht zugunsten einer wirklich autoritativen und anfeuernden Aufführungsleistung besiegen.

Ich hoffe, Sie nehmen diese Zeilen als so gut gemeint, wie sie sind und grüße Sie als *Ihr Walter Felsenstein*

Kapitel II

Lieber Herr Mayer-Gänsbacher! *12.9.1950*

Ihre gestrige Leistung war so abseits von dem, was uns beide seinerzeit zusammengeführt hat, daß darüber sehr ernst gesprochen werden muß.

Ich erkenne an, daß die Proben der letzten drei Tage für Sie sehr anstrengend waren, und ich erkenne an, daß einige für Sie wesentliche Korrekturen an der Rolle während dieser Proben durchgeführt wurden. Aber das hat nichts damit zu tun, daß Sie das Grundsätzliche unserer seinerzeitigen Zusammenarbeit, nämlich die völlig aufrichtige, echte und in keiner Weise vorgetäuschte Einheit von Ausdruck, gesanglicher Äußerung und Darstellung, so verraten haben, als hätten wir noch nie zusammen gearbeitet. Ich muß Sie dringend bitten, sich sofort nach Erhalt dieser Zeilen mit dem „Adam" – und zwar mit der Rolle des Adam – so konzentriert zu beschäftigen, daß ich Donnerstag eine Entscheidung treffen kann, ob ich dieses Stück überhaupt noch weiterspielen kann. Ich weiß, daß diese Zeilen Sie ziemlich erschüttern werden, aber ich kann Ihnen das nicht ersparen. Und wenn Sie aufrichtig sind, dann wissen Sie auch, daß Sie während Ihrer gesamten gestrigen Leistung nicht mit allen Fasern und lückenloser Hingabe dieser Rolle verhaftet waren.

Wenn Sie diese Zeilen als ungerecht empfinden, dann haben Sie die Komische Oper in ihrer eigentlichen Aufgabe und in ihrer Existenzberechtigung noch nicht verstanden. Ich hoffe aber, daß Sie, sobald Ihre erste Wut über mich verflogen ist, mir für diesen Brief noch eines Tages dankbar sein werden.

Mit den besten Grüßen *Ihr Walter Felsenstein*

Der Vogelhändler

Lieber Herr Burgwinkel! *12.9.1950*

Mein Schmerz über den gestrigen Abend hat doch so tiefe Gründe und wesentliche Veranlassung, daß ich – soll unser gegenseitiges Verhältnis ein offenes bleiben – sie nicht verschweigen darf. Ich ahnte – schon bevor ich mich zu den Proben entschloß –, wie verkommen diese Aufführung in der langen Serie geworden sein mochte aus einer Reihe von wesentlichen Unklarheiten und Mißverständnissen, jedoch erkannte ich erst in der gestrigen Aufführung, in welch' schlimmem Zustande sich dieselbe befindet. Abgesehen von zahlreichen Einzelheiten, die wir besprachen und probierten, hoffte ich, daß etwas bei dieser konzentrierten Probenzeit herauskommt, was das Wesentlichste ist, nämlich die Beseitigung von akustischen und darstellerischen Sinnlosigkeiten, die in der Rolle und im Stück nicht begründet sind. Diese Hoffnung wurde gestern abend sehr enttäuscht.

Erinnern Sie sich bitte an mein aufrichtiges Bekenntnis, als ich Sie hierher holte. Ihre ruhmreiche Vergangenheit paarte sich mit Ihrer gegenwärtigen Persönlichkeitsausstrahlung. Und so konnte die Gestaltung einer Rolle wie des Weps von allem Anfang an – so wie von Ihnen, wie von mir – nur blutig ernst genommen werden. Diese Absicht wurde ja auch in unserer ursprünglichen Einstudierung konsequent durchgeführt und machte Ihren großen Erfolg aus. Ich kann die Aufführung, so wie sie sich mir gestern darbot, nicht mehr weiterspielen. Seien Sie versichert, lieber Herr Burgwinkel, daß dies mehr noch ein ernster Kollegenbrief ist als eine Intendantenkundgebung. Aber ernst auf jeden Fall.

Mit den besten Grüßen *Ihr Walter Felsenstein*

Kapitel II

15.11.1950. Die neuerworbene Sau hat kein Theaterblut. Sie will sich nicht an das Rampenlicht gewöhnen und schreit und tobt auf der Bühne, daß ich Herrn Krause (Requisite) bitten mußte, sich um eine andere Sau zu bemühen.

Während der Verwandlung vom 1. zum 2. Bild wurde versehentlich das Orchesterlicht ganz ausgemacht, so daß das Orchester im Dunkeln weiterspielen mußte – was mit Ausnahme einiger schlechter Blechtöne ganz gut ging. *E.R.*

19.11.1950. Mayer-Gänsbacher lernt es nie mehr, der „Musik voraus zu sein". Einmal hat er es – dann wieder dreimal nicht. Ich glaube, es hat keinen Sinn mehr. *E.R.*

24.11.1950. Im 1. Bild gelang es den Leuten vom Chor nicht, die Sau richtig aus dem Stall herauszubringen und sie richtig zu führen. Sie lief dann hinter der Schiebkarre (statt vor der Karre) und wurde dort hinten auch angestrichen, so daß die Wirkung und die Genauigkeit verpufften. *E.R.*

19.12.1950. Ein seltsames Publikum, das sehr mitging, aber ganz anders reagierte als sonst. *E.R.*

31.12.1950. Herr Burgwinkel erlaubte sich im 3. Akt den Scherz, statt „Innocenz" – „Emil" zu sagen, was er aber mit

Der Vogelhändler

so viel echter Verlegenheit (es war der einzige Sylvesterscherz) zustande brachte, daß es darstellerisch so gut war wie noch nie. Ein volles Haus, das am Anfang trotz Sylvester recht reserviert war, war dann bald in einer ausgezeichneten Stimmung. *E.R.*

VOGELHÄNDLER 3.2.51.

Die 125. Vorstellung war eine Katastrophe. Burgwinkel hat so hoffnungslos einmalig geschmissen, er wusste 16 Takte lang überhaupt keinen Text und rannte auf der Bühne herum, dass ich jeden Augenblick einen Schlaganfall befürchtete. Was nun wirklich war, weiss ich nicht. Vielleicht hat er, um einer Ermüdung zu entgehen, etwas genommen, was er nicht vertragen konnte. Im 2.Akt hatte er sich wieder in der Gewalt, und er stand auch den 3.Akt durch ohne besondere Kapriolen.
Davon abgesehen, war Mayer-Gänsbacher lustlos und müde wie oft. Die Prosaszene mit Rosen und Korsch war zu lange nicht, als dass sie hätte gut sein können. Dazu krachte noch im 2.Akt die Bank zusammen, als Burgwinkel die schlafenden Professoren von der Bank herunterstiess.
Es war die Katastrophen-Vorstellung der VOGELHÄNDER-Serie.

Wächtler

17.6.1951. Die Szene Döhle – Burgwinkel im 3. Akt war darstellerisch schlecht. Das Kirschenlied war eine sentimentale Trauerweide, was unerträglich wirkte. Es fehlte die Durchführung der Rolle. *H.W.*

20.9.1951. Insgesamt nicht mehr die darstellerische Präzision. Frau Döhle geht teilweise zu stark auf Wirkung. Herr Burgwinkel etwas unsicher im Text – sonst etwas starke, zu starke Pointen. Über Herrn Krüger ist nichts zu sagen. Sein ständiger Versuch, ein

47

Kapitel II

"Mikro-Lingen" zu sein, gelingt nicht einmal in der Karikatur. Eine peinliche Wirkung! S.T.

22.9.1951. Herr Burgwinkel war sehr diszipliniert und hatte dadurch starke Wirkungen. Brosig und Collega in alter Frische und Wirksamkeit. Besondere Vorkommnisse: Wäre es einem Chorherrn nicht in letzter Sekunde gelungen, die Sau beim Schwanz zu erwischen, sie wäre mit vollem Schwung im Orchester gelandet. S.T.

11.10.1951. Herr Korsch hatte sich nach vorangegangener Rücksprache wieder in den Rahmen der Inszenierung eingepaßt und übertrieb nicht mehr so grauenvoll. Herr Burgwinkel, der den ganzen Abend über diszipliniert war, konnte es doch nicht lassen, an einigen Stellen dem Affen Zucker zu geben. Die Professoren erreichten es wieder, daß sie noch während ihres Duettes fast die Szene schmeißenden Beifall bekamen. S.T.

22.10.1951. Herr Burgwinkel war fern aller Extempores und hatte somit einen erfreulichen Abend. Herr Peters war nach der vorangegangenen grundsätzlichen Unterredung beängstigend konzentriert. Es bleibt abzuwarten, ob dies wirklich aus künstlerischem Ernst herzuleiten ist. Die Professoren beifallumrauscht. Frau Döhle, Gott sei dank, nicht so sehr publikumsadressierend wie sonst. S.T.

Der Vogelhändler

6.12.1951. Vom Dirigenten geht Schwung und Frische aus. Rosen und Brosig behandelt er mit einer Liebe, die sonst die Kapellmeister im Zirkus Pferden gegenüber haben, wenn sie im Takt der Musik Schulschritte machen sollen.

E.v.F.

9.2.1952. Es war eine der guten Vorstellungen. Herr Denner, anscheinend bemüht, nicht zu chargieren, wurde blaß und ging dann unter. Ich nehme an, daß der Dirigent, wie bei allen Vorstellungen der letzten Zeit, absichtlich sein Tempo beibehält (ausgenommen beim Professoren-Duett). Diese Maßnahme hat zwei Seiten. Die eine Seite wirkt unangenehm.

S.T.

25.2.1952. Abgesehen davon, daß Frau Döhle des öfteren zu einem Zeitpunkt reagiert, wo vom Partner aus noch gar keine Reaktion herausgefordert wird, ist sie durchaus bemüht, dem Gärtnerplatz-Theater-Stil zu entsagen.

S.T.

3.4.1952. Aller Glanz ging von Herrn Burgwinkel aus. Wie der nach 200 Vorstellungen immer wieder, den mir nun genauestens bekannten Ausdruck der Sätze immer wieder aus sich herausholt – er bringt keinen einzigen mit kalter Routine an – ist bewundernswert.

E.v.F.

11.5.1952. Herrn Denner gelingt es immer noch nicht, sich als Wortführer vom Chor durchzusetzen. Er geht mitsamt seiner Aufregung unter.

E.v.F.

Kapitel II

Vogelhändler   Sonnabend, den 31. 5.

Es war eine ganz gute Vorstellung. Besonders vom Chor.
Herr Wittmann versuchte mit Erfolg, das Orchester an einigen Stellen zu dämpfen.
Seine Fähigkeit einen Schmiss in Ordnung zu bringen, bewundere ich immer.
Da ich sicherheitshalber vor der Vorstellung in den Garderoben bekannt gab, dass ich,
ohne mich mit jemand auseinander zu setzen, einen schlichten Bericht über den Verlauf der Vorstellung geben würde, traute sich niemand irgendwie auszusteigen.
Es war - Gott sei Dank - eine ganz gute Vorstellung.

7.6.1952. Herr Brosig, der manchmal einige Prozente nachläßt, hatte in dieser Vorstellung alle Prozente zusammen.   *E.v.F.*

15.6.1952, Sonntag nachmittag. Die bisherige Sau ist gestorben. Aber die neue eignet sich für diese Rolle nicht. Sie ist fast ganz schwarz. Sie wurde nun etwas weiß angestrichen und die Textänderung muß lauten: ,,Muß sie ganz schwarz sein?"

Das Aufbaupublikum freute sich sehr über die Aufführung und war sehr beifallsfreudig.   *E.v.F.*

23.6.1952. Es ist natürlich immer eine bessere Vorstellung, in der Frau Schöner spielt. Aber nach längerer Zwischenzeit hat sie selber so viel Spaß dran und ist – hinreißend!

Frau Döhle hat große Routine im An- und Abschalten. Ich glaube nicht, daß sie das will, es passiert ihr. Der Applaus nach dem Duett Rosen – Brosig wurde bedrohlich.   *E.v.F.*

Der Vogelhändler

Sehr geehrter Herr Kammersänger Brosig! *25.4.1953*

Sie sind, ohne Urlaub einzureichen und ohne meine Erlaubnis einzuholen, eine Verpflichtung an das Renaissance-Theater eingegangen, die Sie für mehrere Wochen verhindert, auch nur einen einzigen Dienst an der Komischen Oper wahrzunehmen. Ich habe Sie daraufhin nicht – wie es meine Pflicht gewesen wäre – als kontraktbrüchig erklärt, sondern mit meinem Schreiben vom 19. April aufgefordert, Ihre Aufführungen am 24. und 25. dieses Monats zu erfüllen und mich erboten, den äußerst möglichen Urlaub für Ihre Serie im Renaissance-Theater einzurichten. Sie sind meiner Aufforderung nicht nachgekommen.

Ich habe in meiner großen Wertschätzung für Sie und in meiner persönlichen Anhänglichkeit nicht ohne Schwierigkeiten Ihren Vertrag aufrechterhalten und hätte es weiterhin getan, obwohl Ihr Einsatz an einem Opernhaus für eine Jahresgage von 24 000,– [Ostmark] relativ sehr gering ist und gering sein muß. Sie wissen, daß weitaus die Mehrzahl unserer künstlerischen Mitglieder, so wie Sie, Westberliner und Westdeutsche sind. Ihre gemeinsam mit allen anderen Kollegen bewahrte Treue und Haltung zu unserem Hause ist eine Hauptkraft für unsere bisherigen in ganz Deutschland und darüber hinaus anerkannten Erfolge. Sie wissen auch, daß ich Arbeitsurlauben und zusätzlichen Verdienstmöglichkeiten ausnahmslos eine Unterstützung gewähre und Opfer dafür bringe, wie es an keinem anderen Theater je geschieht. Auch für Sie war dieses Angebot des Renaissance-Theaters nicht die erste Möglichkeit eines zusätzlichen Verdienstes.

Kapitel II

Sie mußten also wissen, was Sie mir und der Komischen Oper antun, wenn Sie mich ohne vorheriges Einvernehmen zwingen, den Spielplan zu ändern und ein Werk sogar abzusetzen. Viel schwerwiegender jedoch ist die Wirkung, die Ihr Verhalten auf die gesamte Kollegenschaft ausübt, der Sie zum Teil durch fortfallende Spielhonorare auch materiellen Schaden zugefügt haben.

Sie appellieren an mein Herz und sprechen von Brutalität, wenn ich nach einer schweren Vertragsverletzung Ihrerseits einen versöhnlichen und helfenden Vorschlag mache und von Ihnen eine minimale Vertragserfüllung fordere. Sie können einem Privattheater eine zweitägige Verschiebung der Premiere nicht zumuten, aber finden es scheinbar selbstverständlich, wenn Ihretwegen der Spielplan Ihres Stammhauses über den Haufen geworfen wird und erwarten Nachsicht und Verzeihung. Lieber Herr Brosig, wenn ich dieser Ihrer Erwartung entspräche, bedeutete das die Auflösung jeglichen Rechtsbegriffes und jeglicher Arbeitsmoral an unserem Hause.

Ich kann Ihnen nur versichern, daß mir dieser Fall sehr nahegeht. Mein Herz gehört der Komischen Oper und allen ihren Mitgliedern, für die ich – wie Sie wissen – alles tue, was ich nur kann und bestimmt mehr tue, als jeder andere Theaterleiter. Und deshalb muß ich Sie für vertragsbrüchig und Ihr Dienstverhältnis zur Komischen Oper ab sofort als beendet erklären. Einer von Ihnen gewünschten Unterredung steht nichts im Wege. Ich wünsche Ihnen nichts Böses, sondern nur, daß Sie Ihr Tun, über das Sie sich in jeder Phase klar sein mußten, nicht allzusehr zu bereuen haben.

Mit den besten Grüßen *Walter Felsenstein*

Der Vogelhändler

27.9.1953. Das erste Finale soll besonders gut gewesen sein, sagte Herr Wittmann. Wie er auch geradezu beglückt über das Orchester war, daß immer sofort reagierte. Ich habe, weil ich zu Herrn von Beneckendorff gerufen wurde, das Finale nicht gesehen. Er behauptete, seine Perücke sei verändert, worüber Herr Schiller in wütende Lachkrämpfe ausbrach. Ich weiß es selbst nicht: von unten sieht die Perücke aus wie immer, von der Nähe stimmt etwas nicht.

Für den Moment wurde eine beruhigende Lösung gefunden. Das Duett der Professoren war jedenfalls so gut wie nie.

Frau Döhle war durchweg, was sonst selten passiert, eine ausgezeichnete Adelaide.

Ich fürchte, das Schwein eignet sich nicht. Es passiert nichts, aber es quiekt erbarmungswürdig. Vielleicht ist das dann für manche Zuschauer kein reines Vergnügen mehr. Ich denke an Leute, die im Tierschutzverein sind. *E.v.F.*

5.10.1953. Herr Mayer-Gänsbacher hatte eine sehr gute Vorstellung. Besonders darstellerisch. Stimmlich war er nicht schlecht, nur endete er im ,,Rosen-Lied" – zu seinem eigenen Schreck – zu tief. *E.v.F.*

9.10.1953. Herr Peters machte eine Meldung: Herr Tesch weigert sich, zum Schminken herunterzukommen. Er als Beinverletzter muß heraufkommen!

Herr Schiller machte die Meldung, daß Herr Peters sich weigert heraufzukommen. Ich sagte beiden, daß der Intendant das entscheiden würde, daß ich es aber unmöglich fände, daß Herr Peters bis zu diesem Entscheid ohne Augenbrauen auf der Bühne zu sehen sei. (Man sah es nicht!)

Herr Wittmann bittet, dem Intendanten mitzuteilen, daß er alle Vorstellungen in dieser Spielzeit um viele Prozente besser fände als in der vorigen. Ohne daß er zu sagen wüßte, woran es läge. Ich kann mich dieser Meinung vollkommen anschließen. *E.v.F.*

25.11.1953. Es war keine schlechte Vorstellung von Herrn Burgwinkel. Im 1. Bild fehlte ihm aber zweimal der richtige Text, im letzten Bild kam statt ,,Herrgott, die Ahnfrau" – ,,Herrgott, das Nachtgespenst". *E.v.F.*

22.12.1953. Nach dieser Vorstellung ärgert es mich, daß Herr von Zallinger den *Tanzabend* übernommen hat und den *Vogelhändler* nicht. Ich würde denken, daß der *Tanzabend* weniger leicht zu Grunde zu richten wäre als der 236 mal gespielte *Vogelhändler*.

Herr Burgwinkel hatte keine schlechte Vorstellung. Aber der Ernst, mit dem er die Rolle zu spielen gewillt ist, war ein erzwungener und so kam ein ,,Mehr" an Burgwinkelscher Mimik und Tongebung hinzu. Im letzten Bild brachte er statt seines Namens ,,Innocenz" – ,,Nikolaus".

Womit er seinen Schwur für diese Stelle mir gegenüber gebrochen hat. Er hat ihn ein dreiviertel Jahr lang gehalten. Ich berichte das als Meldung, weil ich nun nicht mehr sicher bin, ob er in den nächsten Tagen nicht ,,Ruprecht" oder ,,Sylvester" heißt und er sich darauf stützt, daß die Leute lachen. *E.v.F.*

Der Vogelhändler

Lieber Herr Burgwinkel! 23.12.1953

Es tut mir leid, gerade zum Weihnachtsfest eine Kritik äußern zu müssen. Aber da der *Vogelhändler* in den Feiertagen stattfindet, ist es unerläßlich. Ich möchte Sie ernstlich bitten, den Vornamen des Baron Weps nicht zu ändern. Auch im 3. Akt heißt dieser Baron von Weps immer noch „Innocenz".

Mit herzlichen Wünschen für das Fest

Ihr Walter Felsenstein

9.5.1954. Das Publikum, das anfangs zurückhaltend war, kam mehr und mehr in Stimmung. Als Herr Rosen den Vorhang abriß, kam ein Schrei vom gesamten Publikum, wie ich ihn noch nicht gehört habe. Im letzten Bild kam fast nach jedem Satz Widerhall. Szenenapplaus kam spontan. Frau Schöner läßt dem Intendanten mitteilen, daß sie den *Vogelhändler* nicht weiterspielen wird, wenn sie zur 250. Vorstellung keine echten Rosen für das letzte Bild bekommt. *E.v.F.*

15.5.1954. Aus dem allgemeinen Bemühen heraus, aus dieser 250. Vorstellung, die der Intendant besuchte, die beste Vorstellung, die es vom *Vogelhändler* je gegeben hat, zu machen, und jeder bereit war, sich persönlich zu überschlagen, wurde es eine verkrampfte Aufführung. Für mich war es zeitweise ein gräßlicher Anblick. Dem Publikum muß es auch nicht geheuer vorgekommen sein – es blieb still.

Kapitel II

Über die Blumenanerkennung herrschte allgemeine Zufriedenheit. *E.v.F.*

26.5.1954. Es war keine beschwingte Vorstellung. Herr Burgwinkel war konzentriert und gut. Das ist er in letzter Zeit immer. Vielleicht hat er sich vorgenommen, sich nie mehr dem „Dampf" zu überlassen. So gut das ist – mir scheint, daß er durch diese Art konzentrierter Bemühung die gesamte Emotion, in der sich Weps befindet, vergißt. Darin liegt wohl auch der Grund, daß der „Glanz" fehlt. Darüber möchte ich mit ihm lieber nicht sprechen. (Ich hatte mit ihm über Konzentration und Dampf gesprochen.)

Das „Prodekan-Duett" rutschte leider rhythmisch sehr aus. Das Schlimme ist, daß sie es hinterher überhaupt nicht wissen. Sie sind entsetzt und bestürzt. Während des Duetts sind sie nicht aufzuhalten. Herr Guthan sprang mit dem Orchester wild hinterher. *E.v.F.*

20.6.1954. Es war – eine ernste Vorstellung. Es war sehr heiß. Das Publikum saß, sich den Schweiß von den Stirnen wischend, gespannt da und gab nicht viel, aber überzeugten Applaus. *E.v.F.*

4.9.1954. Es war eine schlechte Vorstellung. Anscheinend stand diese Vorstellung für alle Beteiligten – ausgenommen Frau Schöner – unter dem Vorzeichen der „eingeschobenen Vorstellung" (statt *Verkaufter Braut*). Ich habe, soweit ich mich erinnern kann, noch nie so viele Schmisse von den Solisten gehört wie in dieser.

Herr Gänsbacher begann seinen ersten Auftritt mit einem

Der Vogelhändler

Schmiß. 2. Bild Stanislaus – Weps: Refrain am Schluß – Schmiß. 3. Bild: Die Bühnenmusik wurde völlig geschmissen. Es stellte sich heraus, daß ein neuer Musiker (Pauke) am Werk war, von dem vorher niemand etwas wußte. Als der Marsch dann verständlich wurde, war er viel zu schnell. Herr Burgwinkel begann mit einem Schmiß. Das Rosenlied klang merkwürdig. Um was für einen Schmiß es sich dabei gehandelt hatte, konnte ich nicht herausfinden. Im letzten Bild kam dann noch ein Schmiß von Herrn Burgwinkel, der auf einem Mißverständnis zwischen ihm und Herrn Guthan beruhte.

E.v.F.

10.10.1954. Herr Burgwinkel fuhr – zwar sehr gut – etwas in den alten Geleisen der 260 Vorstellungen und seine Anstrengung, dem zu entrinnen, scheint sich zu geben.

Herr von Beneckendorff war ernstlich krank (Erkältung). Er bat um einen Anschlag, weil er sich unsicher fühlte. Sein „Professor" wurde großartig. Ohne Schonung. Obwohl er einen Hustenanfall bekam. Den spielte er mit. *E.v.F.*

Sehr geehrter Herr Intendant! *27.10.1954*

Diesmal erfreute uns die Komische Oper mit der reizenden Operette *Der Vogelhändler*. Viele Melodien sind uns vorher schon bekannt gewesen. Noch besser gefallen sie uns aber jetzt, da wir sie in Verbindung mit dem Inhalt gehört haben. Die Bühnenbilder waren so echt und natürlich, daß wir wähnten, wir wären selbst in dieser Welt. Überhaupt spielten die Sänger mit so viel Schwung, daß wir hell begei-

Kapitel II

stert waren. Leider drangen die Stimmen der Künstler nicht immer deutlich bis zum 2. Rang herauf, und wir konnten oftmals nicht alles richtig verstehen. Auch hätte die Verbindung der Sänger mit dem Orchester präziser sein können. Einige Male passierte es, daß Sänger und Orchester auseinander waren. Trotzdem aber hat uns die Operette und ihre Ausführung sehr gefallen und wir danken den Künstlern, die uns einen so netten Abend geschenkt haben.

Irmgard Gießmann,
Schülerin der Musikschule Berlin

Liebe Irmgard Gießmann! *29.10.1954*

Herzlichen Dank für Deinen Brief, über den ich mich sehr gefreut habe. Mit Deinem Urteil über die gehörte *Vogelhändler*-Aufführung stimme ich vollauf überein.

Ich kann Dir aber als Erklärung für mancherlei Mängel nur sagen, daß diese Aufführung bereits sechs Jahre alt ist und bald vom Spielplan verschwinden wird. Teile dies bitte auch Deinen Mitschülerinnen und Mitschülern mit, die diese Aufführung besucht haben.

Ich hoffe, daß Euer für mich und mein Theater so wichtiges Interesse bald mit besseren und durchgearbeiteteren Vorstellungen befriedigt werden kann.

Mit herzlichen Grüßen

Walter Felsenstein

Der Vogelhändler

An alle Mitglieder des Hauses *1.11.1954*

Ihre gelegentliche Ungehaltenheit über Wiederholungsproben laufender Werke ist mir bekannt und wird Ihnen von mir auch gar nicht verübelt.

Damit Sie aber doch besser verstehen, daß dies keine Kaprice von mir ist, und daß meine Mahnungen nach allabendlicher voller Verantwortlichkeit jedes einzelnen dem Publikum gegenüber notwendig sind, möchte ich Ihnen heute einen Brief* zur Kenntnis geben. Die Korrespondenz des Publikums sowohl im positiven wie im negativen Sinne ist weit umfangreicher als Sie alle ahnen und kann von uns auch nicht übergangen werden.

Ich möchte aus Verlautbarungen dieser Art keine Regel machen. Auch wurde dieser Brief bereits in entschuldigendem und – soweit dies möglich ist – rechtfertigendem Sinne beantwortet❖. Er beweist aber, wie wichtig und wie schwierig es für uns ist, unsere Darbietungen vor Repertoire-Wirkung und Routine zu schützen.

Ich glaube nicht, daß an die Leitung eines anderen Opernhauses viele solche Briefe gerichtet werden. Es ist aber besser, aus berechtigten Ansprüchen solche Briefe zu schreiben als aus Resignation.

Mit den besten Grüßen

Walter Felsenstein

---
* *Von Irmgard Gießmann vom 27.10.1954; siehe Seiten zuvor*
❖ *Antwortbrief Felsenstein vom 29.10.1954*

Kapitel II

31.10.1954. Es war eine ausverkaufte Vorstellung. Wie ich hörte, ist auch die nächste ausverkauft. Es kann eigentlich nicht viele Leute geben in Berlin, die den *Vogelhändler* noch nicht gesehen haben. In dieser Beziehung ist es eine Prestige-Vorstellung für die Komische Oper.

Es war eine elende Vorstellung. Vor der Vorstellung machte ich Herrn Grube darauf aufmerksam, daß seine Darstellungsweise – beim Farbeholen für die Sau – dem Benehmen eines Dorftrottels gleich sei. Aber er erklärte mir, daß das richtig sei, denn der Intendant habe gesagt, daß diese Dorfbewohner durch Inzucht zu solchen Degenerationserscheinungen gekommen seien (dazu gehört dann wohl auch der Wackelgang, den er sich zugelegt hat).

Herr Walther, dem der „Adam" kurz nach seinem Auftritt den Hut, mit dem er auftritt, gibt, setzte ihn als zweiten Hut auf den Kopf. Vor einigen Vorstellungen ersuchte ich ihn, aus seinem Vogelhändler keinen Clown zu machen. Er ließ das dann auch, aber leider kommt sein Bestreben, in ähnlicher Hinsicht vom Chor bewundert zu werden, immer wieder störend zur Geltung. Herr Burgwinkel – von Probenerinnerungen der letzten Probe in keiner Weise belastet –, oftmals mit unkontrollierter Lautstärke, hatte eine seiner alten, schlechten Vorstellungen. Außerdem ist es nun langsam ein Skandal, daß die Bühnenmusik den Marsch des 3. Bildes immer wieder schmeißt. So vollständig, daß das Publikum unmöglich begreifen kann – die Verwirrung dauert sehr lange – worum es überhaupt geht. Etwas muß geschehen – und wenn ich die Probe selbst machen muß. *E.v.F.*

Der Vogelhändler

Sehr geehrter Herr Kammersänger Walther!   *3.11.1954*

Vor Beginn der letzten *Vogelhändler*-Vorstellung war Frau von Frankenberg zweimal in Ihrer Garderobe, um Ihnen etwas anzusagen. Sie waren aber – unter Mißachtung des erst vor kurzem erfolgten Hinweises auf die Pflichtzeiten – noch nicht im Hause. Frau von Frankenberg war daher gezwungen, Sie unmittelbar vor dem Auftritt aufzusuchen und Sie in aller Eile aufzufordern, den Spaß mit dem Hutaufsetzen zu unterlassen.

Wie Sie sich Frau von Frankenberg gegenüber benommen haben, ist Ihnen bekannt und braucht hier nicht wiederholt zu werden. Hier ist kein Künstler ,,in einem Gefängnis", er hat durchaus die Möglichkeit, Verbesserungen für seine Darstellung in Vorschlag zu bringen. Es ist aber bei uns durchaus unerwünscht, irgendwelche Änderungen – und seien es auch nur geringfügige – ohne vorherige Prüfung und Besprechung anzubringen. Was nun Ihren Scherz mit dem Hut betrifft, so ist das weder eine Verbesserung noch überhaupt ein Scherz, sondern eine ganz dumme Geschmacklosigkeit, die in jedem Falle unangebracht und unwürdig ist.

Ich möchte Sie allen Ernstes bitten, in Zukunft davon überzeugt zu sein, daß Hinweise und Anordnungen des Abendspielleiters in jedem Falle im Interesse der Vorstellung und damit im künstlerischen Interesse des Angesprochenen liegen. Ich würde mich im Wiederholungsfalle mit einem Brief dieser Art nicht begnügen.

Mit den besten Grüßen   *Walter Felsenstein*

Kapitel II

6.11.1954. Man merkte dieser Vorstellung an, daß die ausgehängten Briefe Eindruck gemacht hatten. Von den Solisten aus war es eine gute Vorstellung. Das Publikum machte es ihnen schwer: es lachte viel, an ganz neuen Stellen, und applaudierte nicht. Den größten Lacherfolg hatte der Pauker der Bühnenmusik, der, konzentriert, im richtigen Tempo aufmarschierte, und dann mit der Pauke hinfiel. *E.v.F.*

19.11.1954. Herr Burgwinkel spielte mit unkontrollierter Lautstärke. Er verließ, im letzten Bild besonders, die Linie seiner Rolle. Das Publikum lachte an Stellen, an denen bisher noch kein Mensch gelacht hatte. „Lachen" ist auch nicht der richtige Ausdruck: sie kreischten vor Vergnügen. Diese alberne Stimmung übertrug sich auf die Bühne. *E.v.F.*

20.11.1954. Es war keine schlechte Vorstellung.

Eine Einrichtung, die sich beim Orchester festgesetzt hat – sie existiert, so lange ich den Vogelhändler habe und Herr Guthan hat sie übernommen – möchte ich jetzt melden, weil sie, wie ich finde, nicht mehr tragbar ist: nach dem Professorenduett verläßt dreiviertel des Orchesters – ich kann nur sagen: fluchtartig – den Orchesterraum. Es ist mit der Zeit immer leerer geworden. Natürlich versuchen sie sehr leise wegzugehen. Durch die Eile, die sie haben, gelingt es nicht immer. Eine gewisse Unruhe entsteht immer. Es sind zu viele, die sich in Bewegung setzen.

1.3.1955. Zur nächsten Vorstellung muß ein neues Schwein besorgt werden. Dieses will nicht mehr. Es bellte vor Wut und dem Publikum erstarb das Lachen in der Kehle. *E.v.F.*

Der Vogelhändler

Erhellende Hinweise zu den Stückfiguren

Irmgard **Armgart** – Kurfürstin Marie

Ihre Durchlaucht, Gemahlin seiner Durchlaucht, der in dem Stück gar nicht in persona auftritt, von dem aber ständig geredet bzw. für den sich ein anderer, nämlich Stanislaus, ausgibt und damit auch Verwirrung bei ihr stiftet, da sie nun wiederum vermuten muß, daß es ihr Ehegemahl ist, der mit der Postchristl zwecks Studiums eines Bittgesuches zu einer Audienz im Pavillon verschwunden ist. Sie rächt sich, indem sie sehr intim mit Adam, dem Liebsten Christls, die man sich schenkenden „Rosen in Tirol" besingt.

Wolf von **Beneckendorff** – Professor Süffle

Einer der beiden Prodekane, Experten der Zoologie, schlecht hörend und damit geradezu prädestiniert, zusammen mit seinem Professorenkollegen den auf ihre Fragen nur dumme Antworten gebenden Adam so lange zu examinieren, bis der die Prüfung zum Menageriedirektor gegen seinen erklärten Willen bestehen muß.

Egon **Brosig** – Süffle

Derselbige Professor.

Josef **Burgwinkel** – Baron Weps

Kurfürstlicher Wald- und Wildmeister mit Bestechlichkeitstendenz. Dadurch, daß der Fürst sein Kommen zur Jagd verschiebt, sieht er die schönen Bestechungsgelder der Bauern wegen des über lange Zeit illegal geschossenen Wildes in weite Ferne entschwinden und kommt deshalb auf den genialen Einfall, seinen Neffen, den Graf Stanislaus, als Fürst gegenüber den verschreckten Bauern auszugeben.

Paul **Denner** – Schneck

Ihm obliegt als Dorfschulze die schmerzliche Aufgabe, seinen Mitbewohnern schonend beizubringen, daß Durchlaucht im Kommen ist und Wildschweine zu schießen begehrt, die es nicht mehr gibt.

Ena **Döhle** – Baronin Adelaide

Hofdame der Kurfürstin, alt, aber reich – um eine Million –, weshalb sie denn auch auf den naheliegenden Gedanken verfällt, den jungen Stanislaus erobern zu können, dessen Schulden sie deswegen schon mal eigennützigerweise abbezahlt hat. Stanislaus gelingt es gerade noch, dieser Heirat zu entgehen; Onkel Innocenz Weps opfert sich für ihn.

Kapitel II

Heinz **Grube** – *Dorfbewohner*

Bernhard **Korsch** – *Professor Würmchen*

> Der andere Prodekan. Der ausgleichenden Gerechtigkeit wegen schlecht sehend, was ihn aber nicht daran hindert, das Bestechungsgeld zu erkennen, das beiden Professoren geboten wird, um Adam nicht durchfallen zu lassen.

Alois **Krüger** – *Hoflakai Quendel*

> Sogenannter Wurzen. Stichwortgeber mit dem mehrfach wiederholten Satz: „Sehr wohl, Exzellenz!"

Hugo **Mayer-Gänsbacher** - *Adam*

> Vom Vogelhändler zum Menageriedirektor aufsteigen, das will er nicht, weil er vermutet, daß ihm diese Ehre nur dadurch zukommen soll, daß sich seine Braut Christl (die „von der Post") mitsamt entsprechendem Bittgesuch mit dem Kurfürsten in einen Pavillon begeben hat. Er kann nicht wissen, daß es gar nicht der richtige Kurfürst war, sondern Graf Stanislaus. Adam sagt sich deshalb also von seiner Christl los und will nun auf der Stelle eine andere zur Frau, nämlich das hübsche Bauernmädchen Marie. Aber auch hier ist der Arme wieder angeschmiert, denn Marie ist keine andere als die Kurfürstin, die ihrem Mann zwecks besserer Beobachtung seiner Pirsch, die offenbar nicht nur den Wildschweinen gelten soll, in bäuerlicher Verkleidung – quasi inkognito – nachreist.

Ralph **Peters** – *Graf Stanislaus*

> Ein junger Mann, der auch als Graf lieber arm und ledig als reich und verheiratet sein will, aber mit seiner Maskierung als Kurfürst erst einmal alles durcheinanderbringt.

Martin **Rosen** – *Professor Süffle*

> Alternierender Professor und Prodekan.

Sonja **Schöner** – *Christl*

> Sie ist die berühmte „Christl von der Post", die unmittelbar vor der ihr anbefohlenen Trauung mit dem Grafen Stanislaus zur freudigen Überraschung beider Herren doch wieder zum bodenständigen Tiroler Adam zurückkehrt, der so schön von seinem 20- und 70jährigen Ahnen singt, der es „noch amal, noch amal" machte.

Fred **Walther** – *Dorfbewohner*

> Immer mal zu Extempores neigend, die der Herr Intendant grundsätzlich ablehnte, wenn nicht gar haßte.

Die verkaufte Braut von Bedrích Smetana

9.9.1950 – 29.6.1959, 128 Vorstellungen mit 146 122 Besuchern

Regie: Walter Felsenstein; Ausstattung: Heinz Pfeiffenberger: Musikalische Leitung: Arthur Grüber, Herbert Guthan, Robert Hanell; Abendspielleiter: Ellen von Frankenberg (E.v.F.), Götz Friedrich (G.F.), Ernst Rehm (E.R.), Siegfried Tittert (S.T.), Carl Riha (C.R.)

Das Pferd scheut vor der Musik

oder

Restlos ausverkauftes Haus und fast 30 Vorhänge

O-Ton Felsenstein: ,,Ich hatte Smetanas Oper auf den Spielplan gesetzt, weil ich eine Sängerin hatte, die mir für die Marie geradezu prädestiniert schien. Nach meiner Rückkehr von einer Gastinszenierung sollten die Proben beginnen. Ich kam wie immer mit ein bißchen Verspätung zurück. Die Zeit drängte. Ich dachte, es kann keine Schwierigkeiten geben: Das ist doch eine vitale, heitere Oper.

Zwei Tage lang arbeiteten wir am Chor und an der Arie der Marie. Ich wurde immer deprimierter. Ich kam einfach nicht über das Stadium hinaus, wo mir etwas nur eben gut gefällt – und sonst nichts. Gut gefallen – damit komme ich aber nicht aus. Wenn ich bei der Arbeit nicht so gepackt werde, daß ich einfach nicht mehr aufhören kann, dann stimmt etwas nicht. Dieses Zwingende war bei der *Verkauften Braut* nicht da.

Ich fragte mich: Was wollen diese Leute, die am Anfang singen, worüber freuen sie sich? Die Musik ist doch viel kräftiger als der Text. Das kann doch keine belanglose, inhaltlose Munterkeit sein. Ich unterbrach die Proben und ließ die Tschechische Botschaft bitten, mir irgend jemanden zu vermitteln, der bereit wäre, binnen 48 Stunden den gesamten Text zu übersetzen. Eine Rohübersetzung natürlich, aber eine garantiert wörtliche. Es fand sich ein Student, der sie mir innerhalb von zwei Tagen lieferte. Da fiel ich fast vom Stuhl. Es war nicht zu glauben. […] Die Sängerin, um deretwillen ich die Oper auf den Spielplan gesetzt hatte, reiste ab: sie war nicht bereit, auf die sentimentale Marie, die sie gewohnt war, zu verzichten. Eine neue Marie wurde gefunden. Mehr: eine neue Oper war entdeckt. Wer nimmt Oper schon ernst? Kulinarische Oper."

Die verkaufte Braut

den 4. Oktober 1950

Lieber Rudolf Schock !

Ich bin ein hoffnungsloser Proben-Sklave, und muss mir den Besuch der ersten restlos und ehrlich ausverkauften "Verkauften-Braut-"Vorstellung versagen, bin aber mit allen guten und dankbaren Gedenken bei Euch.

Ihr

[Felsenstein]

Liebe Kollegen! *4.10.1950*

Wie steht es heute abend um Ihre Kraft und um Ihre Lebensfreude? Es war seit der letzten Aufführung eine ziemliche Pause, und wir sind heute abend ehrlich ausverkauft und haben außerdem recht wesentliche Leute vom Bau drin.

Carmen-Proben verhindern mich da zu sein, und so bitte ich Sie auf diesem Wege um ,,mühelose Bemühung", um pausenlosen Inhalt und keine ,,Ersatz-Identität".

Darf ich noch einmal auf einige Gefahrenpunkte aufmerksam machen: Vor jedem Satz den Partner und den Satz haben! Vor ,,Wer kann wissen, ob die Freude" und vor ,,wehe" – immer wieder in Wahrheit dem Tempo innerlich voran sein, besonders bei der Polka. Aber auch im 3. Akt ,,Also, Marie, hast du dir überlegt? Sprich, sprich". Gerade diese Stelle ist auch in unseren guten Aufführungen innerlich immer noch zu langsam gewesen.

Dieses alles entspringt keinem Mißtrauen, sondern Sie sollen den bisher größten Chor-Erfolg der Komischen Oper bewahren. *Ihr Walter Felsenstein*

Kapitel III

11.12.1950. Die Vorstellung hatte nicht den sonstigen Schwung. Auch der Dirigent war dieser Meinung und fand außerdem, daß sie langsam sehr routiniert wird. Das geht besonders von Schock und Pflanzl aus, die beide sehr zu privaten Mätzchen neigen und damit das ganze Ensemble anstecken können. *E.R.*

15.12.1950. Herr Schock spielt, besonders im 2. Akt, immer mehr mit dem Publikum. Ich habe ihn gebeten, einen übertriebenen und unpassenden Aufzug bei seinem Auftritt aus dem Zirkuswagen im 3. Akt zu unterlassen. Bei diesem Auftritt hatten er und Mühlhardt die Kopfbedeckung verwechselt, so daß Schock mit Zylinder und der Zirkusdirektor zwar im Frack, aber mit steifem Hut auftraten. Grund dazu – ist mir unbekannt. *E.R.*

Lieber Herr Pflanzl! *23.12.1950*

Ich weiß nicht, ob ich – bei meinem heutigen Probenplan – Sie vor der Vorstellung noch sehe. Ich darf Ihnen daher in jedem Falle auf diesem Wege etwas sagen, das Sie vielleicht nicht wissen und das für die Aufführung doch von großer Bedeutung ist.

Die große Szene zwischen Ihnen und Schock im 2. Akt nimmt, wie mir letzthin auffiel, bei aller gleichbleibenden äußeren Präzision inhaltlich einen gänzlich anderen Verlauf. Ich hatte das Gefühl, Sie wären sich beide ziemlich einig

Die verkaufte Braut

und trieben in diesem Einverständnis mit viel Humor ein abgekartetes Spiel um den Brauthandel.

Ich kann mir auch erklären, worauf das ohne Ihre Absicht zurückzuführen ist. Ihre Garderobenkameradschaft hat sich im Laufe der Aufführungen so gefestigt, daß darüber das Verhältnis zweier Feinde, denen es beiden um höchste Einsätze geht und die einander mit aller List betrügen, immer mehr verloren geht.

Unser Probentitel „Wer betrügt wen?" bezeichnete Ihren hinreißenden mit Brutalität und Rücksichtslosigkeit gepaarten Witz in dieser Szene. Wenn die Angelegenheit harmloser wirkt, ist sie auch weniger spaßig und bagatellisiert sogar rückwirkend etwas die ungeheuer starke Kezal-Szene des 1. Aktes.

Ich hoffe, Sie sind mir wegen dieses Ergusses nicht böse. Aber die Einmaligkeit Ihrer Leistung beruht nun einmal darauf, daß Sie Kezals raffinierten Umgang mit Menschen, von denen er etwas braucht, mit einer Schläue und Liebenswürdigkeit darstellen, die seine Brutalität tarnt und deshalb dürfen Sie niemals in eine echte Jovialität hinüberwechseln, die die Gefährlichkeit dieses Burschen mindert.

Lassen Sie sich, falls wir heute abend einander nicht mehr begegnen, ein denkbar schönes Fest wünschen
und seien Sie sehr herzlich gegrüßt von
Ihrem
Walter Felsenstein

Lieber Herr Schock! *23.12.1950*

Es könnte sein, daß mich mein heutiger Arbeits- und Probenplan erst sehr spät dazu kommen läßt, Sie zu begrüßen.

Kapitel III

Deshalb für alle Fälle auf diesem Wege ein paar Ratschläge für die Aufführung. Ich habe den 1. Akt, sooft ich ihn auch in der letzten Zeit sah, Ihrerseits immer unvermindert stark empfunden.

Im 2. Akt dagegen schleicht sich etwas ein, das ohne Ihre Absicht und wahrscheinlich auch ohne Ihr Wissen eine Gefahr für den Sinn des ganzen Abends bedeutet. Die große Auseinandersetzung mit Kezal ist nicht mehr ein mit aller List, allem Humor und aller Energie geführter Kampf um den liebsten Menschen gegen den Todfeind, sondern mitunter fast ein willkommener Spaß mit einem befreundeten Zechbruder.

Ich habe auch Herrn Pflanzl darauf aufmerksam gemacht und führe diesen Fehler keineswegs auf eine Nachlässigkeit zurück, sondern darauf, daß Ihre ausgezeichnete Kollegialität mit Pflanzl sich ganz unbewußt auf die Bühne überträgt. Prüfen Sie sich bitte einmal selbst darin nach.

Vor allem wird durch diese inhaltliche Verschiebung auch der 3. Akt irgendwie viel harmloser. Wo übrigens der Schlußauftritt mit dem Paukenschlag einen großartigen Triumph des Hans darstellt. Der Sieg über die Gegner seiner Liebe macht ihn so übermütig und nicht eine ulkige Laune. In diesem Sinne ist die Improvisation des Zylinderhutes eine arge Entgleisung.

Sie sind mir über diese Bemerkung hoffentlich nicht böse, denn ich will ja nicht nörgeln, sondern nur Ihre wirklich große Leistung in dieser Rolle verteidigen.

Auch auf diesem Wege die allerherzlichsten Weihnachtswünsche und Grüße

Ihres Walter Felsenstein

Die verkaufte Braut

27.12.1950. Die Vorstellung war gut. Pflanzl und Schock werden jetzt nicht mehr privat auf der Bühne. *E.R.*

12.1.1951. Im 3. Akt hakte der Zirkuswagen an der Dekoration und riß sie um. Der Vorhang fiel sofort. Menschenschaden trat nicht ein. Nach sieben Minuten konnte der Akt neu beginnen. Das Publikum verhielt sich ruhig und spendete lebhaften Beifall, als der Wagen erneut auffuhr. *E.R.*

An alle Mitarbeiter! *26.9.1951*

Mit der heutigen Wiederaufnahme der *Verkauften Braut* in den diesjährigen Spielplan endet zunächst die Serie der Neueinstudierungen vorhandener Aufführungen. Wir haben in einem Zeitraum von insgesamt 34 Tagen sieben Werke gründlich überholt und annähernd auf den Stand gebracht, der den Forderungen entspricht, die im Rahmen des Möglichen an die Komische Oper gestellt werden müssen.

Ich habe das Bedürfnis, Ihnen allen herzlichst zu danken. Diese Art von Repetitionsarbeit einschließlich Generalproben ist im allgemeinen durchaus unüblich, und ich betrachte es als einen großen Fortschritt im Selbstbewußtsein unseres Institutes, daß Sie alle mit vollem Verständnis diese unübliche Pflege eines Spielplanes als selbstverständlich betrachtet und mit vollem Einsatz durchgeführt haben.

Wenn ich Ihnen dafür, daß Sie diese große Arbeitsüberlastung auf sich genommen haben, aus vollem Herzen danke, so muß ich – sollen diese Mühen und Opfer nicht vergeblich gewesen sein – Sie ebenso herzlich bitten, auch künftig diesen Qualitätsanspruch aufrechtzuerhalten und nach Möglichkeit zu steigern.

Jeder Mitarbeiter dieses Hauses, auf welchem Arbeitsgebiet auch immer, hat, wenn er sich seiner Verantwortung bewußt ist, durchaus die Möglichkeit, auf die Bewahrung und Weiterentwicklung der erreichten Arbeitsergebnisse maßgebend Einfluß zu nehmen.

Mit herzlichsten Grüßen

Ihr Walter Felsenstein

26.9.1951. Über diese Vorstellung wäre nur zu sagen, daß wir hoffen müssen, noch einmal eine so vollendete Aufführung zu erleben, die in allem völlig makellos war. *S.T.*

20.10.1951. Die Vorstellung fing so pünktlich an, daß das Publikum nicht darauf gefaßt war, es kamen viele zu spät. Die Chordame, vorn Mitte, rechte das Heu etwas zu lyrisch zusammen. Der Männerchor beim Lied vom ,,Edlen Gerstensaft" kam am Schluß vom Singen ins Brüllen – wie ein Männergesangsverein, der schon mehrere Biere getrunken hat. Es ist schade, daß die Sängerin in diesem Duett einen gepflegten Kammersänger zum Partner hat. *C.R.*

5.11.1951. Herr Grüber dirigierte. Im Gegensatz zu seinem Kollegen, der dem Orchester nur zeigt, was er haben

Die verkaufte Braut

will, gelingt es ihm, vom Orchester zu bekommen, was er fordert. Aber es scheint eine harte Arbeit zu sein.

Fräulein Schwenke: Herr Tittert schickte mich auf den 2. Rang, um die Stimme zu kontrollieren. Ich muß sagen, daß ich vom Rezitativ nichts verstehen konnte und die Stimme klang, als wenn jemand in einer oberen Etage zu singen anfängt: die lauten Töne kommen als Schall an und die anderen verschwimmen. Aber in der Beurteilung von Stimmen fühle ich mich nicht kompetent.

Darstellerisch konnte ich von oben nicht viel sehen. Das Publikum im 2. Rang nahm jedenfalls sofort nach ihrem Auftritt die Operngläser zur Hand.* *C.R.*

4.12.1951. Bei ,,Mein Liebestraum war wunderschön" blieb Frau Schlemm ungefähr acht Takte lang der Text weg. Aber dem Publikum fiel das nicht auf. *C.R.*

22.9.1953. Die erste Aufführung in dieser Spielzeit – restlos ausverkauftes Haus und fast 30 Vorhänge sind die äußeren Zeichen dieser Vorstellung. Ergänzend darf man noch vermerken, daß es eine der hinreißendsten Aufführungen war, die wir im letzten Jahr hatten. Besonders Peters und Schlemm, die unmittelbar nach dem 1. Akt einen Herzanfall erlitt, waren von einer ergreifenden Konsequenz. *C.R.*

13.11.1954. Es ist interessant zu beobachten, daß eigentlich stets im 2. Rang angefangen wird zu klatschen, es dann

---

* *Anmerkung von Joachim Herz: Bei meinem Lehrer, Professor Heinz Arnold, hieß die Dame „Das Vollweib"!*

übergeht zum 1. Rang und in die hinteren Reihen des Parkettes, bis dann auch die ersten Reihen vorn anfangen. *G.F.*

3.12.1954. Frau Dorka wünscht, daß sie Kniehosen bekommt, da man, wenn sie sich dreht, mit den Augen ziemlich weit vordringen könnte, wie einer ihrer Bekannten im Zuschauerraum ihr mitteilen ließ.

Abgesehen davon, daß mich persönlich das noch nie gestört hat, glaube ich, daß das Problem nicht durch lange Hosen gelöst werden kann, die sie noch pummeliger machen würden, sondern nur durch die Einstellung der Marie, die auch dann, wenn sie mit Wenzel kokettiert, ihm nicht den Blick in weitere Geheimnisse freigeben kann. Auf deutsch: sie muß den Rock festhalten, wenn sie sich dreht. *G.F.*

4.12.1954. Die Dorka'sche Hosenfrage ist dadurch gelöst, daß ihr Unterrock enger geheftet wird. *G.F.*

23.2.1955. 3. Akt/Pferd: Herr Mühlhardt kam während der Vorstellung aufgebracht zu mir und erklärte, er lehne es ab weiterzuspielen, wenn, wie bis jetzt meistens, das Pferd nicht auf den von der Regie angegebenen Ort gebracht werden könnte. Diesmal war es hinter dem Wagen überhaupt nicht vorzubringen. Der Pferdeführer erklärte, das Pferd scheut vor der Musik. Mühlhardt will in der nächsten Vorstellung entweder einen Pferdeführer, der das Pferd kennt, oder gleich vom Pferd runter, um überhaupt für seine ,,Ansprache" nach vorne zu kommen. Vielleicht ist eine Möglichkeit die, die Bühnenmusik eher aufhören zu lassen, damit das Pferd vorbeikommt? *G.F.*

Die verkaufte Braut

25.3.1955. Mühlhardts Verletzung* war noch immer nicht ganz geheilt. Er mußte deshalb wieder hinter dem Zirkuswagen herlaufen und im Stehen seine „Ansprache" halten, während das Pferd hinter ihm stand. *G.F.*

18.4.1955. Herr Mühlhardt ritt wieder. Allerdings bin ich nun gezwungen, wieder den früheren Pferdeführer einzusetzen, da der jetzige offensichtlich mit dem Pferd nicht zu Rande kommt.

3. Akt/Frau Volkhardt. Sie grinst bei „Ja, bedenk dir's, Marie" – wirkt dadurch wie ein weiblicher Sekretär Wurm. Völlig falsch. *G.F.*

13.6.1955. Für den Eingeweihten gab es zwei Fehler: Da Braun krank war, führte diesmal der Kollege Struwe das Pferd. Es gelang ihm aber nicht, das Pferd nach dem Ausspannen an die bezeichnete Stelle nach vorn zu führen. Mühlhardt mußte wieder absteigen und im Stehen, weiter vorn, seine „Ansprache" halten.

Falls Proben zur *Verkauften Braut* zu Beginn der neuen Spielzeit stattfinden, muß auch dieses Problem berücksichtigt werden. Andernfalls muß ich vor dem 3. Akt während einer Vorstellung die Sache probieren, was allerdings deshalb nicht viel nützen wird, weil es ja gerade die Musik ist, die das Pferd scheu macht. *G.F.*

---

* *Sie stammte von einem Unfall während der Vorstellung „Die Kluge" am 11.3.1955, in der Mühlhardt den zweiten Strolch spielte. Dazu die lapidare Eintragung des Inspizienten ins Vorstellungsbuch: „Herr Mühlhardt hatte nach dem Abgang der Saufszene einen Unfall. Platzwunde am Kopf. Theaterarzt war zur Stelle. Keine Spielunterbrechung. Schumacher"*

Kapitel III

3.1.1956. Das Duett Hans – Kezal im 2. Akt ist ein Duell der Grimassen. *C.R.*

19.1.1957. Ich persönlich finde, daß die Hose, die Hans im 1. Akt trägt, für seine Figur überaus ungünstig gearbeitet worden ist. Daß sein Bauch darin so stark erscheint, ist für eine bestimmte Gattung des Publikums vielleicht nicht unwichtig, aber könnte da nicht eine Änderung erwogen werden? *G. F.*

2.4.1957. Meine frühere Beobachtung hat sich erneut bestätigt, daß nämlich die Hose des Hans im 1. Akt meiner Ansicht nach verschnitten ist, d.h. der Schritt sitzt zu tief. Sollte da nicht wirklich eine Änderung getroffen werden? Da wir gerade bei Hosen sind: die langen Unterhosen von Fräulein Ungnad waren gerissen und offenbarten durch ein großes Loch sehr viel Fleisch. *G.F.*

26.4.1957. Vor der Vorstellung hatte ich leider einen kleinen Zusammenstoß mit Herrn Pflanzl, der in den vergangenen Vorstellung manchmal „Ich krieg ihn schon heraus" statt „Ich krieg das schon heraus" gesungen hatte. *G.F.*

Lieber Herr Pflanzl! *7.5.1957*

Sie haben sich bei Herrn Kremer über das Verhalten des Herrn Friedrich in der letzten Aufführung der *Verkauften Braut* am 26. April beschwert. Ich glaube, Sie kennen mich lange genug, um davon überzeugt zu sein, daß ich auf ein korrektes und der gemeinsamen künstlerischen Sache dienliches Verhalten aller meiner Mitarbeiter zueinander – und noch mehr gegenüber den Gästen unseres Hauses – den allergrößten Wert lege. Wenn mir das nicht gelingt oder einmal daneben geht, bin ich bisher stets eingeschritten und konnte fast immer das gute Einvernehmen wiederherstellen.

Über diesen speziellen Fall bin ich ziemlich betrübt. Ich habe Herrn Friedrich den Vorwurf zu machen, und habe ihn auch gemacht, daß er für seine Kritik den Zeitpunkt falsch gewählt hat. Man kann dies am Schluß einer Aufführung tun oder in einem beliebigen Zeitraum zwischen zwei Aufführungen, keinesfalls aber unmittelbar vor einer Aufführung, wo der Darsteller in seiner Konzentration gestört wird.

Aber aus der Beschwerde, die mir Herr Kremer überbracht hat, geht hervor, daß Sie die Kritik als solche als unberechtigt betrachten. Dazu muß ich doch die Frage an Sie richten: Was ist die Aufgabe eines Abendspielleiters? Denn als solcher ist doch Herr Friedrich in seinem ernsten Bemühen und in seiner für seine Jahre erstaunlichen Fachkenntnis durchaus ernst zu nehmen. Mein persönliches und künstlerisches Verhältnis zu Ihnen, lieber Herr Pflanzl, zwingt mich zu voller Aufrichtigkeit. Und so bekenne ich Ihnen, daß ich Herrn Friedrich sehr heftige Vorwürfe gemacht habe, daß er mir von diesem doch recht vergänglichen Text-Irrtum keinen Bericht erstattet hat.

Für mich stellt sich die Sache – das sage ich Ihnen ebenso aufrichtig – als ein zwischen Ihnen und Herrn Blasberg verabredeter Ulk heraus, für den mir der Humor freilich fehlt. Einen Versprecher dieser Art halte ich für undenkbar. Vielleicht sind Sie mir jetzt böse. Ich ertrage aber Ihren Groll lieber, als daß ich mir den Vorwurf machen müßte, Ihnen nicht meine Meinung gesagt zu haben, selbst auf die Gefahr hin, daß diese Meinung – gegen alle Psychologie und Logik – irrig ist.

Die Sache ist für mich begraben. Ich mußte sie aber loswerden.

Mit herzlichen Grüßen *Ihr Walter Felsenstein*

13.6.1957. Herr Niese sang nicht zu Hans, sondern zum Dirigenten: ,,Nie hätt' ich von dir erwartet, daß du so gefügig bist". Der Chor muß in allen Situationen, die er auf der Bühne verkörpert, auf ,,Erstmaligkeit" achten.

Durch Ansagen vor der nächsten Vorstellung muß erreicht werden, daß die Ausgangssituation in ihrer Verschärfung wieder bewußt wird. Trotz meines Hinweises in der gestrigen Vorstellung ist der ,,Trink-Chor" am Beginn des 2. Aktes noch immer einem Gesangverein ähnlicher als temperamentvoll zechenden Böhmen. Auch beim Beginn des 3. Aktes drängt sich der Eindruck auf, als käme hier jede Woche ein Zirkus ins Dorf. *G.F.*

19.10.1957. 3. Akt/Herr Mühlhardt: Er müßte, trotz seines damaligen Unfalls, wieder auf das Pferd zu bewegen sein.

G.F.

25.10.1957. 3. Akt/Mühlhardt: Er verbeugt sich nun mit dem Radfahrer nicht mehr in den Zuschauerraum. Aber aufs Pferd konnte auch ich ihn nicht bewegen. *G.F.*

Die verkaufte Braut

Lieber Herr Mühlhardt! *23.11.1957, vor der Vorstellung*

In der letzten Aufführung *Die verkaufte Braut* sind Sie auf die Bitte des Herrn Friedrich hin zwar auf die Szene geritten, zur ,,Ansprache" jedoch abermals vom Pferd abgestiegen. Ich will den Unfall, den Sie seinerzeit hatten, gewiß nicht unterschätzen, aber er hatte – wie Sie wissen – seine ganz bestimmten Ursachen, die nicht in der Unzuverlässigkeit oder Launenhaftigkeit des Pferdes zu suchen waren, sondern in der Behandlung, die dem Pferd während des Ausspannens zuteil geworden war.

Sosehr ich mich freue, daß Sie das Pferd wieder bestiegen haben, so sinnlos ist es, wenn Sie es vor Beendigung der ,,Ansprache" verlassen. Ich muß Ihnen gestehen, daß der ganze Zirkus-Aufzug mit Pferd und Wagen inszenierungstechnisch sinnlos ist, wenn der Direktor Springer nicht reitet und seine ,,Ansprache" nicht vom Pferd herab hält.

Ich bitte Sie nochmals allen Ernstes, bei der für diese Inszenierung gewählten ursprünglichen Form zu bleiben.

Mit den besten Grüßen *Ihr Walter Felsenstein*

23.11.1957, nach der Vorstellung. Herr Mühlhardt blieb auf dem Pferd sitzen bis zum Schluß seiner ,,Ansprache". Allerdings war das Pferd, wie schon in früheren Vorstellungen, in denen Herr Mühlhardt sitzen blieb, nicht auf den vorgeschriebenen Platz zu bewegen, obwohl der Pferdeführer dabeistand. Damit ging natürlich die „Ansprache des Zirkusdirektors", die sich dadurch im Hintergrund der Bühne abspielte, ziemlich verloren. Das Pferd ist seit einiger Zeit offenbar scheu geworden. Soll man ein neues nehmen? Ich würde vorschlagen, es in der nächsten Vorstellung zunächst noch einmal zu probieren. Danach müßte, wenn es wieder nicht geht, ein Entschluß gefaßt werden. *G.F.*

Die verkaufte Braut

Erhellende Hinweise zu den Stückfiguren

Erich **Blasberg** – *Gutsbesitzer Tobias Micha*
Vater von Hans, dem Ausgewanderten (aus erster Ehe) und Wenzel, dem stotternden Außenseiter (aus zweiter Ehe), wodurch die ganzen Verwechslungen entstehen.

Marianne **Dorka** – *Marie*
Hauptperson, also die Braut, die verkauft wird, und zwar von ihrem Geliebten Hans, der beim Heiratsvermittler einen Kontrakt unterschreibt, daß er seine Braut für 300 Gulden verkauft – aber nur unter der Bedingung, daß sie den Sohn des reichen Grundbesitzers Tobias Micha heiratet. Da er selbst der (nach langer Zeit der Abwesenheit zurückkehrte, und daher unerkannte) Sohn dieses Micha aus dessen erster Ehe ist, kann er sich diesen ziemlich üblen Trick leisten, den die ahnungslose Marie ihm erstaunlicherweise am Ende der Geschichte auch noch verzeiht.

Kurt **Mühlhardt** – *Zirkusdirektor Springer*
Dompteur zahlreicher Tiere – auch wilder – und Menschen. Pferdekenner.

Gerhard **Niese** – *Kruschina*
Ein Bauer und Vater Maries, längst nicht so reich wie der Gutsbesitzer Micha und deshalb sehr auf die Ehe seiner Tochter mit dessen Sohn erpicht ist.

Ralph **Peters** – *Wenzel*
Stotterer, vermutlich durch eigenwillige Erziehungsmethoden oder durch Mutterkomplex. Er will jedenfalls auch nicht mehr die ihm durch eine Vereinbarung der beiden Herren Väter versprochene Marie ehelichen und bricht aus – nachdem er die Zirkustänzerin Esmeralda kennengelernt hat –, und ihr zuliebe ist er sogar bereit, vertretungsweise im Zirkus den wilden Bären zu spielen, dessen Darsteller – sturzbetrunken – nicht einsatzfähig ist.

Heinrich **Pflanzl** – *Kezal*
„Plaudertasche" und Heiratsvermittler – ein ausgekochter Bursche, der mit Hilfe eines Kontraktes unwissentlich doch die Richtigen zusammenführen hilft.

Anny **Schlemm** – *Marie*
Dieselbige verkaufte Braut wie oben.

Kapitel III

Rudolf **Schock** *– Hans*
Durch die Stiefmutter vertriebener, erstgeborener Sohn des Tobias Micha. Als er durch Kezal erfährt, daß sein und Maries Vater schon vor Jahren die Hochzeit ihrer Kinder vertraglich geregelt haben, nutzt er diese Tatsache zu bereits erwähntem Trick aus, denn noch denken alle, einschließlich seiner Braut Marie, daß es bei dieser Eheschließung um Michas zweiten Sohn, Wenzel, geht.

Adelheid **Schwenke** *– Esmeralda*
Tänzerin – noch dazu im Zirkus –, womit eigentlich das Wesentliche über die Person schon gesagt ist.

Die Herren **Struwe** *und* **Braun** *– Pferdeführer*
Zwei Herren, denen es offenbar unterschiedlich gelungen ist, dem Pferd klar zu machen, daß man sich auf der Bühne anders als auf der Koppel zu benehmen hat.

Inge **Ungnad** *– Eine aus dem tschechischen Volke*
Eigentlich Tänzerin, wichtig bei Furiant und Polka.

Margot **Volkhardt** *– Kathinka*
Maries Mutter; verdienstvollerweise ist sie die einzige, die gegen den Heiratskontrakt, durch den ihre Tochter Marie an einen ihr bis dato völlig unbekannten jungen Herrn aus reichem Hause verschachert werden soll, ihre Stimme erhebt.

Komische Oper

Pariser Leben

von Jacques Offenbach

Pariser Leben von Jacques Offenbach

10.2.1951 - 1.7.1954, 73 Vorstellungen mit 78 257 Besuchern

Regie: Walter Felsenstein; Ausstattung: Heinz Pfeiffenberger; Musikalische Leitung: Leo Spies, Wolf-Dietrich von Winterfeld; Abendspielleiter: Ellen von Frankenberg (E.v.F.), Edith Maerker (E.M.), Ernst Rehm (E.R.), Siegfried Tittert (S.T.), Heinz Wächtler (H.W.)

Im Parkett herrschte die froheste Laune
oder
Die Vorstellung hielt nur noch Dampf und Routine zusammen

Aus einer Kritik: „Erinnern Sie sich: im Winter 1945/46 war es, im ungeheizten Hebbel-Theater. Das Publikum fror im Parkett, die Schauspieler froren auf der Bühne. Aber als der Vorhang aufging, war alle Kälte vergessen. Und Offenbachs *Pariser Leben* hatte sich in einer bezaubernd spielechten Aufführung im Sturm den Spielplan erobert.

Den Erfolg, den sich Walter Felsenstein damals mit den intimen, musikalisch begrenzten Möglichkeiten des Theaters errungen hatte, wiederholte er jetzt in seiner Komischen Oper. Jacques Offenbach, der geistvolle Pariser Spötter aus Köln, macht sich wie stets über die gesellschaftlichen Zustände seiner Zeit lustig und zieht mit überlegener Ironie gegen alles blank, was sich hinter den Kulissen der Eitelkeit allzu menschlich tummelt. [...] Was man sieht, ist Offenbachs *Pariser Leben* und nicht die heutige Überlegenheit über diese verschollene Lustbarkeit. Wo parodiert wird, geschieht es mit Offenbach und nicht gegen ihn. Sein Konterfei lächelt mit dem Taktstock in der Hand aus einer Wolke sarkastisch auf diese Maskerade herunter, die sich da unter ihm so hinreißend begibt. Und doch – diese versunkene Welt des eleganten Plüschs hat heute fast etwas Gespenstisches an sich, und der erotische Galopp der Kavaliere ist fast so etwas wie ein berauschter Totentanz über dem Abgrund. Ein echter Felsenstein: Die Komödie am Rande der Tragödie!"

Kapitel IV

Liebe Elfride Trötschel! 9.12.1950

Länger als eine Woche seit der Einführung in *Pariser Leben* habe ich in Geduld gewartet, von Ihnen zu hören, was beim Abhören Ihrer diversen Seelenkämmerchen herausgekommen ist. Es wäre so schön, den Telefonhörer abzunehmen und direkt zu fragen, aber das geht ja bei Ihnen nicht. Die damaligen Einwände, die ich Ihren Augen ablas und die ich in wesentlich kleinerem Umfang aus Ihrem Munde vernahm, entsprangen einer Indisposition Ihres Blutkreislaufes, so daß ich bei meinem Weggang Hoffnung hatte, daß der Musikteufel – er stellt Ihren kostbarsten Besitz dar – in meiner Abwesenheit siegen würde. Ihr langes Schweigen läßt mich befürchten, daß der schöpferische Anlaß, nämlich Offenbach, wieder etwas in Vergessenheit geraten ist und bestimmte Trübungen wieder die Oberhand gewonnen haben und Sie latent eine gewisse Last mit sich herumschleppen, wie Sie dem Felsenstein auf eine charmante Art absagen können.

Der Theaterleiter Felsenstein wäre mangels eines Stückes bereit, *Pariser Leben* auch ohne Sie zu machen. Der Freund und Regisseur Felsenstein ist dazu nicht bereit. Bei den Stückvorführungen wurde mir noch klarer als bisher, daß Sie dieses Juwel an Rolle aus rein egoistischen Gründen nicht versäumen dürfen. Ein Quentchen eigener Egoismus ist meinerseits dabei, insofern ich unabhängig von „Komischer Oper" auf die totale Karriere der Trötschel nicht verzichten kann. Wenn man Sie bei der Rollenauswahl allein gewähren ließe, käme bei aller Schönheit, allem Glück und allen Erfol-

Pariser Leben

gen doch etwas recht Eingleisiges heraus – jedenfalls weniger als Sie verdienen und gerade vor der „Agathe" ist der Öffentlichkeit gegenüber dieser Ausflug für Sie wirklich eine Chance.

Ich habe diesen Brief hemmungslos geschrieben, weil ich, wie gesagt, spielplantechnisch *Pariser Leben* nicht mehr von Ihnen abhängig zu machen brauche, aber ich erwarte tatsächlich von Ihnen eine Zusage und bitte Sie herzlich und dringend, falls dieser Brief Zweifel noch nicht beseitigt hat, Montag – und nicht später – zu mir zu kommen.✶

Mit herzlichen Grüßen *Ihres Walter Felsenstein*

Lieber Herr Spies! *6.1.1951*

Ich möchte Sie jetzt, bevor Sie noch nicht gesund sind, nicht unnötig ins Theater hetzen und schreibe Ihnen in einem Punkte, den ich mit Ihnen persönlich gern besprochen hätte, ein paar Zeilen.

Ich bin über das Ergebnis der bisherigen musikalischen Proben von *Pariser Leben* zutiefst entsetzt. Noten und Melodien sind wie immer gekonnt – von einer Phrasierung, von der Bedeutung des Rhythmus etc. etc. ist überhaupt keine Spur.

Herr von Winterfeld – als dies heute während einer Probe mit Herrn Korsch zur Sprache kam – meinte, daß von dieser Szene beispielsweise so gut wie noch keine Proben gewesen

---

✶ *Übernahm die Rolle trotz dieses Briefes nicht*

Kapitel IV

 wären. Ich muß wirklich die Frage stellen, wie kann der dirigierende Kapellmeister so etwas sagen? Er hat doch selbst die Möglichkeit, für genügend Proben zu sorgen. Vor allem aber müssen Sie doch die Übersicht haben, wer im Pensum hintennach ist und wer nicht.

In diesem Zusammenhange taucht für mich, wenn ich täglich die Probenzettel lese, immer wieder eine Kardinalfrage auf: Warum müssen die Mitglieder in bestimmten Partien immer den Repetitor wechseln? Damit geht doch eine Unmenge Zeit verloren. Vor allem aber ist doch das Arbeitsergebnis einer Probe so gut wie hinfällig, wenn die nächste Probe derselben Rolle ein anderer Repetitor, und unter Umständen wenige Tage später ein dritter Repetitor, die Probe spielt.

Ich erwarte Ihre Rückkehr, um von Ihnen auf diese Fragen Antwort zu erhalten und mich mit Ihnen zu besprechen.

Seien Sie mir bitte nicht böse, aber ich habe leider nicht das Gefühl, daß das ganze Studiensystem planvoll und vorwärtsbringend ist.

Mit den besten Wünschen für eine baldige Genesung grüßt Sie *Ihr Walter Felsenstein*

An den Magistrat von Groß-Berlin / Abteilung Volksbildung
z.Hd. des Herrn Bauer *12.1.1951*

Wie bekannt, hat die verspätete Durchführung der neuen Anordnungen für die ,,Bewirtschaftung der Städtischen Bühnen" an der Komischen Oper im Hinblick auf die für Ende Januar erforderliche und angesetzte Premiere von *Pariser*

Leben eine besonders prekäre Situation geschaffen, die in den letzten Tagen Gegenstand mehrerer Konferenzen mit der Abteilung für Volksbildung und dem Finanzdezernat waren.

Nachdem die praktische Erfolglosigkeit der bisherigen Konferenzen in einem Gespräch zwischen Herrn Hiller, Herrn Bauer und mir gestern festgestellt worden war, wurde ich zu der dienstlichen und offiziellen Frage gezwungen, ob von den beiden bevorstehenden Produktionen *Pariser Leben* und *Freischütz* eine fallengelassen werden soll, da ich mich auch als Intendant nicht befugt fühle, auch nur eine dieser beiden entscheidenden und für die Durchführung des künftigen Spielbetriebes unentbehrlichen Werke fallenzulassen.

Es muß in diesem Zusammenhange besonders darauf hingewiesen werden, daß sowohl für *Pariser Leben* wie für *Freischütz* bereits erhebliche Herstellungssummen investiert sind. Die Werkstätten stehen bereits still, da der größte Teil des Kostümstoffbedarfs weder über den Konsum, noch über die Beschaffungszentrale, noch über die Handelsorganisation, noch über die auch bereits in Anspruch genommene Exportabteilung zu beschaffen ist.

Obwohl allen zuständigen Behörden seit langem bekannt ist, daß ab 1. Januar Westmarkzahlungen nurmehr in Westmark unter Ausschluß des Umtauschweges bezahlt werden dürfen, ist es noch keiner einzigen Stelle bisher gelungen, der Komischen Oper das zugesagte Westmark-Kontingent auch nur zu nennen, geschweige denn zur Verfügung zu stellen. Abgesehen von seit längerer Zeit fälligen Verpflichtungen für Beleuchtungs-Utensilien und andere anerkannte Ausgaben ist, wie von Herrn Hiller und Herrn Bauer zugegebenerweise erkannt, der restliche Stoffeinkauf nur noch im Westen möglich, um die Premiere überhaupt herauszubringen. Länger als eine Woche gehen die Bemühungen dahin, die Westgeldfreigabe bei Herrn Stadtrat Baum zu erreichen. Weder Herrn Hiller, noch Herrn Bauer, noch Herrn Eckardt-Martens ist es bisher gelungen, überhaupt an Herrn Stadtrat Baum persönlich heranzukommen. Ich bekam aber von beiden Herren gestern die Zusicherung, noch im Laufe des heutigen Tages, 12. Januar, die Regelung bei Herrn Stadtrat Baum zu erreichen. Statt dessen wurde heute Herr Eckardt-Martens nach einer Besprechung im Volksbildungsamt zu Herrn Tietz vom Innerdeutschen Handel verwiesen, dann an dessen Vertreter. Es stellte sich die Unzuständigkeit dieser Stelle heraus. Herr Eckardt-Martens mußte sich zu einem Herrn Grabsch begeben, von dem er die Auskunft erhielt, daß Herr Stadtrat Baum überhaupt nicht über Westgeld verfüge, sondern daß dafür ein Dienstweg erforderlich wäre, der unter vierzehn Tagen keine Erledigung finden könnte. Trotzdem ging Herr Eckardt-Martens in das Vorzimmer von Herrn Stadtrat Baum, der nicht anwesend war und erreichte bei dessen Sekretärin die Zusage, die Sache wenigstens vorzulegen.

Ich stelle fest, daß es den mir vorgesetzten Dienststellen bisher nicht gelungen ist, sich mit den im Besitz der Finanzoberhoheit befindlichen Instanzen in Verbindung zu setzen, um eine sofort wirksame Anweisung an die Notenbank geben zu können. Die ganze Angelegenheit steht genau dort, wo sie vor vierzehn Tagen auch schon stand.

In dieser Verworrenheit, in der es mir unmöglich ist, selbst zu einer in diesem Falle entscheidungsfähigen Instanz

Pariser Leben

vorzudringen, ja sie überhaupt nur festzustellen, bin ich verpflichtet, die Betriebsunfähigkeit der Komischen Oper zu erklären. Alle bisherigen pausenlosen und leidenschaftlichen Bemühungen hatten ja nur ein Ziel, die Verschiebung der Premiere *Pariser Leben* über den 4. Februar hinaus, im Interesse der nachfolgenden Produktion, zu verhindern. Wenn die Werkstätten bereits morgen auf vollen Touren arbeiten könnten – was nach Lage der Dinge völlig ausgeschlossen ist – wäre der Premieren-Termin vor dem 7. Februar nicht möglich. Um jeden weiteren Tag, den die Stoffbeschaffung von heute ab erfordert, verschiebt sich automatisch die Premiere, abgesehen davon, daß die eigenen sowie zwei gemietete Werkstätten in Erwartung der bestellten Produktion stilliegen und auch noch unnötig Geld kosten. Dieselbe Situation trifft auf die Maskenbildnerei zu, der auch jeder Einkauf unmöglich ist.

Der Vollständigkeit halber möchte ich noch erwähnen, daß in diesen Tagen die Kündigung unserer Westgaragen sowie die Sperrung meines Telefonanschlusses wegen nicht bezahlter Rechnungen ebenso bevorstehen, wie der Ausfall der Aufführungen, die mangels der erforderlichen Lampen bzw. wegen Abholung nicht bezahlter Lampen nicht mehr ausgeleuchtet werden können.

Ich erkläre mich außerstande, diese vermeidbare Gesamt-Situation zu verantworten und bitte um Dienstanweisung bis Montag, den 15. Januar.

Mit vorzüglicher Hochachtung!

Walter Felsenstein

Kapitel IV

Betrifft: Deckung des Sachbedarfs für Theater mit Westmark
Werter Genosse Rentzsch!* *12.1.1951*

Auf einer Besprechung der Intendanten und Verwaltungsdirektoren der Berliner Theater beim Gen. Kreuziger ging es um die Einhaltung der Etatpläne. Hierbei kam die Diskussion auf die Frage des Sachbedarfs. Die Intendanten, vor allem Herr Felsenstein, stellten fest, daß der Sachbedarf für Theater ohne Westmark nicht möglich ist. Dabei ging es um die Beschaffung einer Reihe von notwendigen Materialien wie:
- Projektionslampen 5 - 10 000❖, Ballettschuhe,
- Notenpapier, Mastix, Blondierstifte, Haare, usw.,

die, wie Herr Felsenstein ausführte, nur gegen Westmark erhältlich sind, weil diese Produktionszweige bei uns in der DDR noch nicht angelaufen seien.

Auf meinen Vorschlag wurde der Gen. Bauer beauftragt, eine vollständige Liste dieser Materialien aufzustellen und zu untersuchen, inwieweit derartige Artikel dennoch von uns hergestellt bzw. beschafft werden können. Meiner Ansicht nach ist es nicht ganz so, daß wir unsern Bedarf ausschließlich mit Westmark einkaufen müssen. Es ist notwendig, festzustellen, wie man

1. solche Produktionszweige bei uns anlaufen und entwickeln kann,
2. verhindern kann, daß ein zu großzügiger Gebrauch von Westmarkbeträgen für diese Zwecke gemacht wird,
3. eine Übersicht bekommt, welche Möglichkeiten bereits in der DDR bestehen.

---
* *Zentralkomitee der SED / Kulturabteilung*
❖ *Gemeint waren „5- und 10-kW-Bühnenprojektoren"*

Pariser Leben

Wir bitten, diese Frage aufzugreifen und wir wären für eine diesbezügliche Information dankbar.
Mit sozialistischem Gruß
Sozialistische Einheitspartei Deutschlands
Landesvorstand Gross-Berlin, Kulturabteilung
Bab / Häling

An den Ordnungsausschuß / im Hause   18.1.1951

Nachstehende Meldung schreibe ich Ihnen nicht in erster Linie, um üblicherweise Sie zu einer Bestrafung aufzufordern. Es handelt sich vielmehr um einen Vorfall, der für mich in meiner derzeitigen Produktionssituation so erschütternd ist, daß mit einer Bestrafung gar nichts geändert oder gebessert würde. Ich bitte Sie vielmehr, nach eigenem Ermessen unüblicherweise die Beteiligten zu versammeln und auf der Basis dieser meiner Meldung ein ernstes und kollegiales Wort mit den Kollegen zu sprechen. Jeder, der in dem Stück *Pariser Leben* beschäftigt ist, muß inzwischen ein Gefühl dafür bekommen haben, wie außerordentlich schwer die besonderen darstellerischen Anforderungen dieses Werkes gerade für Mitglieder eines Opernhauses sind.

Auch die heutige Probe erfüllte durch besondere Schwierigkeiten das vorgesehene Pensum nicht. Von 10 bis 14 Uhr probierten Frau Armgart und Herr Burgwinkel ehrlich und mühsam am Duett des 3. Aktes. Wenn auch die vorgesehene Nummer 16 nicht mehr drankommen konnte, so mußte unter allen Umständen der außerordentlich schwierige Auftritt der Diener-Gäste angelegt werden. Als es endlich so weit war, konnte zehn Minuten hindurch kein Mitglied erreicht werden, da der Inspizient, statt seinen Dienst zu versehen, in betrunkenem Zustande sich irgendwo befand. Und die Beteiligten, die dann von Herrn Wächtler zum Auftritt gerufen wurden, kamen nun völlig unkonzentriert, unernst und – mühsam ihren ebenfalls alkoholisierten Zustand verbergend – auf die Bühne. Darunter so junge und riskanterweise mit Rollen bedachte Damen wie Duske, Nerlich und Düllmann. Ich möchte mich mit diesem Vorfall, der einen tiefen Eindruck auf mich gemacht hat, persönlich nicht mehr beschäftigen. Mir fehlt es bestimmt nicht an Humor, aber auch mit größter Mühe kann ich diesen Vorfall nicht humorvoll betrachten. Ich bitte Sie nur, an die Kollegen die Frage zu richten, wie sich ein 50jähriger, erfahrener und immerhin namhafter Regisseur vorkommen soll, wenn er zu einem Zeitpunkt, da er mit Recht zittert und bangt, ob er dieses Stück überhaupt herausbringen kann, von Kollegen, dessen Intendant er außerdem ist, so etwas erleben muß.

Walter Felsenstein

Sehr verehrte Damen und Herren! *10.2.1951*

Anläßlich dieser besonders schwer erarbeiteten Premiere habe ich das Bedürfnis, Ihnen für Ihre Ausdauer, für Ihr Verständnis und Ihren Einsatz besonders herzlich zu danken.

Ich bitte Sie, auch auf diesem Wege noch einmal sich dessen bewußt zu sein, daß die Musik dieses Stückes noch mehr als bei anderen Offenbach-Werken für den Geist und den Witz der Darstellung geschrieben ist und nicht einen Augenblick anders behandelt werden darf.

Mit einem herzlichen Toi-toi-toi *Ihres Walter Felsenstein*

Pariser Leben

Sehr verehrte Damen und Herren Chorsolisten! *12.2.1951*

Lassen Sie mich Sie zu dem gestrigen Abend, zu Ihrer Disziplin und zu Ihrem Verständnis für die Besonderheiten dieses Stückes beglückwünschen und Ihnen herzlichst danken dafür, daß Sie mit dieser Leistung neuerlich ein Bekenntnis zu den besonderen Aufgaben dieses Hauses abgelegt haben.

Mein besonderes Bedürfnis, Ihnen das zu sagen, beruht auf der Notwendigkeit, daß wir uns in der besonders sorgfältigen Bewahrung des Erarbeiteten sehr viel Mühe geben müssen. Denn dieses Stück und diese Aufführung wird, besonders bei den künftigen Aufführungen, ebenso auf hellste Begeisterung wie auf mancherlei Unverständnis oder gar Ablehnung stoßen. Das liegt in erster Linie daran, daß manches, wogegen sich hier Offenbachs scharfe Satire richtet, vielen Menschen nicht mehr bekannt ist. Um so mehr muß das, was neben mancherlei Schwächen diese Aufführung exquisit macht, mit äußerster Sorgfalt und strengstem Bewußtsein erhalten bleiben.

Im 1. und 5. Akt bitte ich besonders diejenigen Kollegen, die vom solistischen Vorgang am weitesten entfernt gruppiert stehen, um noch gesteigertere optische Konzentration in ihren Blicken als gestern.

Und Ihnen allen sage ich mit einem noch kräftigeren Toi-toi-toi, daß die eigentliche Premiere, von deren Eindruck die zukünftige Wirkung abhängt, erst heute ist.

Ihr Walter Felsenstein

Kapitel IV

Sehr geehrter Herr Intendant!   *12.2.1951*

Zu Ihrer gestrigen Aufführung von *Pariser Leben* möchte ich Ihnen meine höchste Anerkennung und Dank aussprechen. Das war ein Abend, wie wir ihn schon seit langem wünschen. Die Inszenierung war so spritzig und man konnte ausnahmsweise wieder einmal herzlich lachen.

Dem gesamten Ensemble gebührt höchste Anerkennung; die Krone Ihres Personals ist ja Sonja Schöner mit den Grübchen. Ich hoffe, daß die Presse diese Aufführung gebührend würdigt und wünsche Ihnen und dem gesamten Theater gute Erfolge.

Hochachtungsvoll   *N. Hecht*

P.S. Ich darf mir wohl noch eine Bemerkung erlauben: Es macht keinen guten Eindruck, wenn die Bar-"Dame" im Parkett einem Ausländer (sei er nun aus Ost- oder Westdeutschland) – auf seine dreimalige bescheidene Bitte um ein Bier – ihm dies derartig hinknallt, daß es herausspritzt und die herausgegebenen 25 RPf so hinschmeißt, daß ein Groschen im Foyer entlangrollte. Diese „Dame" war aber nicht überlastet, der Andrang war bereits vorbei. Solche Weiber bilden sich wohl ein, das Publikum sei ihretwegen da und nicht umgekehrt.

Dieser Ausländer (anscheinend ein Bulgare oder Pole) schien solches Betragen schon für selbstverständlich zu halten – traurig für unser Berlin.   *D.o.U.*

Pariser Leben

11.3.1951. Eine ausgezeichnete, sehr lebhafte Vorstellung voll sprühender Laune, die beste, die ich bis jetzt zu sehen bekam. Das Publikum wurde von der Bühne her so inspiriert, daß im Parkett die froheste Laune herrschte. *H.W.*

15.3.1951. Einer Klärung bedarf das Finale des 3. Aktes – in technischer Hinsicht. Das Ballett behauptet, daß es schon schwer sei, auf der glatten Fläche zu tanzen. Wenn dann noch ganze Pfützen von der verschütteten Flüssigkeit und außerdem Glasscherben herumliegen, sei ein Austanzen völlig unmöglich. Ich habe die Solisten gebeten, nichts zu  verschütten und, wenn möglich, die Gläser nicht zu zerschlagen – es war leider nicht möglich. Das Ballett tanzte dementsprechend vorsichtig, was wiederum die Rasanz des Finales stark beeinträchtigte.

Im Zuschauerraum große Heiterkeit. *H.W.*

29.3.1951. Die Aufführung hatte darstellerisches Niveau. Musikalisch war es leider nicht ebenso erfreulich. Einige Ungenauigkeiten, besonders in den Ensemble-Sätzen, störten den guten Gesamteindruck der Aufführung. *H.W.*

Herr von Winterfeld, den ich wegen der Proben vor der nächsten Aufführung ansprach, protestiert energisch gegen den letzten Absatz und betonte dabei ausdrücklich, daß er an die gestrige Vorstellung einen ganz besonders strengen Maßstab angelegt habe, da Abendroth und Leitner in der Vorstellung waren. Er hält die Aufführung vom 29. März für eine der besten überhaupt (in musikalischer Hinsicht).

Herr Wächtler sagte mir bei meinem daraufhin erfolgten Anruf, daß er es unterlassen habe, sich mit dem Dirigenten darüber zu verständigen, was er über den musikalischen Ablauf sagen wollte. Er sprach nur noch davon, daß er den Eindruck einiger Härten gehabt hätte, daß er sich aber mit Herrn von Winterfeld in Verbindung setzen und die Sache aus der Welt schaffen würde. *Tischbein*

7.4.1951. Eine durchschnittliche Aufführung. Eine gräßliche Hitze auf der Bühne. Frau Reifarth fiel am Schluß (Gott sei Dank) des 1. Aktes auf der Bühne um. Im letzten Akt fehlten die Papierschlangen – Krause hat keine bekommen. Ein sehr klatschsüchtiges und amüsiertes Publikum. *H.W.*

Werter Genosse Rentzsch!* *18.4.1951*

Am 29.3.1951 unterrichtete mich der Parteivorsitzende, Genosse Wilhelm Pieck, von einer Aussprache mit dem Intendanten der Komischen Oper, Walter Felsenstein, über die Gleichstellung bezügl. der Materialversorgung der Komischen Oper mit der Staatsoper. Nach Rücksprache meines persönlichen Referenten, Gen. Bäger, mit Dir, bin ich damit einverstanden, daß die Komische Oper in Fragen der Materialversorgung der Staatsoper gleichgestellt wird.

---

* *Zentralkomitee der SED*

Pariser Leben

Ich bitte Dich, dies dem Genossen Pieck mitzuteilen und schlage vor, bevor die entsprechenden Verhandlungen mit dem Intendanten der Komischen Oper, Walter Felsenstein, geführt werden, den Gen. Fritz Ebert davon zu informieren.

Ich habe Vorsorge getroffen, daß die Neuregelung der Materialversorgung der Komischen Oper mit dem Tage Eurer Mitteilung, daß alle Absprachen mit den zuständigen Stellen getroffen werden, sofort in Kraft treten kann.

Ich bitte dich, deshalb nach Erledigung dieser Absprachen dem Gen. Bäger Bescheid zukommen zu lassen.

Kerber

16.4.1951. Im Ganzen hatte die Vorstellung viel Schwung.
2. Bild: Burgwinkel hüpft wie ein Bock bei seinem Couplet, zwar rhythmisch richtig, aber kein Polonaisenschritt. Ksirova: Brief war großartig, sie hat auch jetzt begriffen, daß man bei uns keinen Applaus „holt". Der Fußboden sieht katastrophal aus. *E.M.*

21.4.1951. Leider war beim Glätten des Bühnenbodens des Guten zuviel getan worden. Im 1. Bild fiel Herr Rosenberg durch die Glätte hin, im 3. Bild Frau Armgart, die sich leicht die Hand verletzte, im 4. Bild rutschte Herr Lenschau mitsamt dem Schaukelstuhl beinahe ins Orchester, konnte

Kapitel IV

sich aber geschickterweise noch halten – das passierte erst ganz am Aktschluß und bildete daher keine Störung. Die Musiker sind nun aber noch ängstlicher nach dem Pech im *Freischütz*.* Ich habe mit dem Bühnenmeister wegen Abhilfe der Glätte alles Nötige arrangiert.

E.M.

Lieber Genosse Jendretzki!❖ 10.5.1951

Bei Abschluß des neuen Vertrages Walter Felsensteins mit dem Magistrat und in den Vorverhandlungen, die zum Teil hier geführt wurden, äußerte Felsenstein den dringenden Wunsch, in der Materialversorgung für die Bühnenausstattungen der Inszenierungen usw. mit der Staatsoper gleichgestellt zu werden.

Nach Verhandlungen mit dem Genossen Kerber ist dieser bereit, die Komische Oper ebenfalls zentral mit Material zu versorgen. Er schlägt jedoch vor, vorher den Genossen Ebert zu informieren. Da ich bisher keine Möglichkeit hatte, den Genossen Ebert zu sprechen, bitte ich Dich, zu veranlassen, daß dieses evtl. durch den Genossen Brand geschieht und wir kurz telefonisch unterrichtet werden, damit Herrn Felsenstein entsprechende Mitteilung gemacht werden kann und die neue Regelung in absehbarer Zeit in Kraft gesetzt wird.

Im voraus besten Dank für Deine Hilfe.

Mit sozialistischem Gruß!

Zentralkomitee der SED, Kulturabteilung
Rentzsch

---

* Siehe „Der Felsenstein, der auf die Venus fiel" im Vorwort von Joachim Herz
❖ Landesleitung der SED, Groß-Berlin

Pariser Leben

26.5.1951. Eine ausgezeichnete Aufführung. Jeder – auch jeder Solist – war sehr um seine Rolle bemüht, so daß eine Ensembleleistung zustande kam, die das Publikum mitgerissen hat. Leider ist nicht jede Aufführung von diesem Geist getragen – leider; denn dieser Geist ist das Ziel, das sich die Komische Oper gesetzt hat.   *H.W.*

6.7.1951. Der Star Dicks kam ohne Bart im 3. Bild, weil seine Haut das nicht vertrüge. Daß er das weder dem Inspizienten noch mir vorher gesagt hatte, erklärte er damit: er hätte das zwei bis dreimal Herrn Wächtler, Herrn Schiller und wohl auch dem Intendanten gesagt und das genügte (er drückte sich hier noch anders aus).   *E.R.*

18.2.1952. Der Haupteindruck der Aufführung war durch die Unsicherheiten zwischen Orchester und Ensemble gegeben. Es herrscht keine völlige Klarheit über die Tempi und so sind Bühne und Orchester im besten Falle ungefähr gleichzeitig nebeneinander.   *S.T.*

2.3.1952. Es zeigt sich immer wieder, daß keine musikalische Grundlage mehr da ist: Schmisse von allen Seiten. Herr Burgwinkel behandelt seinen Dialog als hoffe er, daß ihm mittendrin noch etwas Besseres einfallen könnte.

Herr Sawade suchte vergeblich nach dem Wort „Oberstenwitwe" als er Frau Armgart sagen will, als was sie zur

Table d'hote kommen soll und verfiel auf das Wort „Durchlaucht". Er konnte dann noch in letzter Minute die Oberstenwitwe klarstellen, ehe es zu weiteren Mißverständnissen beim Publikum führen konnte. Das Publikum (Volksbühne) wußte mit dieser Operette nicht viel anzufangen. Gelacht und geklatscht wurde nur von einzelnen. *E.v.F.*

30.5.1952. Durch die Erkrankung von Fräulein Nerlich waren im 3. Bild nur „zwei Nichten des Portiers" da. Herr Dicks fand es witzig, diese Situation durch den Satz: „Ist das nicht ein bißchen wenig?" zu unterstreichen.

Im 2. Bild jonglierte Herr Korsch mit seinem hohen Ton auf „Major". Herr Spies ging nicht darauf ein und es gab einen unangenehmen Schmiß. Seinen ersten Auftritt im 3. Bild versuchte er, durch seine Fähigkeit zu schielen zu verstärken.

Das Publikum war beifallsfreudig. Der Satz von Sawade: „Ich wäre nie Führer geworden!" hatte viel Beifall. *E.v.F.*

7.6.1953. Man kann es wirklich nicht als gute Vorstellung bezeichnen, aber – von der vorigen aus beurteilt – war sie besser.

Im 3. Bild fehlte ein Kandelaber. Er konnte nicht aufgestellt werden, weil ihm vier Fassungen gestohlen worden waren. Außerdem war die Tischdecke des 2. Bildes der Requisite gestohlen worden.

Herr Mühlhardt beschwert sich über seinen Friseur. Er verlor im 3. Bild beim Abnehmen des Helmes die Perücke

Pariser Leben

(das Publikum lachte). Herr Tesch sagte mir, daß es nicht an ihm, sondern am Mastix läge, der bei schnellen Umzügen nicht die Fähigkeit hat, schnell zu trocknen. Herr Schiller bestätigte das. Früher habe er, weil er hier nicht zu haben war, aus dem Westen Mastix gekauft, jetzt gibt es hier welchen, aber für schnelle Umzüge ist er nicht zu gebrauchen. Herr Mühlhardt legt Wert darauf, daß der Intendant von diesem Vorfall Kenntnis erhält.

Im 3. Bild fehlte auch ein Hocker. Herr Busch konnte sich also nicht setzen. Der Hocker muß aber auf der Szene gewesen sein, denn am Schluß fand man ein Stück von seinem Fuß. *E.v.F.*

Sehr geehrter Herr Minister Gregor!*   *11.6.1953*

Eine besonders schwierige Situation zwingt mich, an Sie mit der Bitte um Unterstützung heranzutreten.

Der Vorrat an Perückenknüpfnadeln, Mastix u.a. ist in der Komischen Oper inzwischen restlos erschöpft, so daß unsere Maskenbildner nicht mehr in der Lage sind, ihre Arbeiten ordnungsgemäß weiterzuführen. Nach umfangreichen Bemühungen erfuhren wir schließlich durch die DHZ [Deutsche Handelszentrale] Maschinen – Abteilung Eisenwaren, daß diese Nadeln in der Deutschen Demokratischen Republik und im demokratischen Sektor von Groß-Berlin nicht angefertigt werden. Um die Produktion der Komischen Oper

---
* *Ministerium für Inner- und Außerdeutschen Handel*

Kapitel IV

nicht zu gefährden, waren wir also gezwungen, über die Staatliche Kommission für Kunstangelegenheiten einen Antrag auf Freigabe von DM West 50.– zum Kauf von Material zu stellen. Diesem Antrag wurde von Herrn Minister Wunderlich – Ministerium für Leichtindustrie – zugestimmt, in der letzten Instanz jedoch von Ihnen abschlägig beschieden. Ich bitte Sie dringendst, diese Angelegenheit noch einmal zu überprüfen, um nach Einsicht der unbedingten Notwendigkeit unserem Antrag auf Freigabe von DM West 50.– zuzustimmen.

Die Schwierigkeiten in bezug auf die Beschaffung treffen aber auch auf verschiedene andere Theatermaterialien zu, so z.B. auf Lamband, Brokatspitze aus Gold und Silber – auch vom laufenden Meter – Gablonzer Spitzen und schwere Tafte. Das sind nur einige wenige Materialien für die Anfertigung von Kostümen; ähnliche Schwierigkeiten in der Beschaffung ergeben sich sehr oft auch für Materialien zur Herstellung der Bühnendekorationen.

Bei dem Befragen der Intendanten der übrigen Theater im demokratischen Sektor stellte es sich heraus, daß auch dort die gleichen Sorgen vorhanden sind.

Es setzt sich daher bei allen Intendanten die Vermutung durch, daß die Theater bei der Planung nicht so berücksichtigt werden, wie es ihrer Bedeutung nach bei der Durchführung der kulturell-erzieherischen Aufgabe zukommt. Obwohl unsere Regierung in aller Großzügigkeit das kulturelle und künstlerische Leben fördert, werden nach unseren Erfahrungen von den zuständigen Ministerien nicht immer die Voraussetzungen für die Durchführung hochqualifizierter Inszenierungen geschaffen. Wir haben selbstverständlich vollstes Verständnis dafür, daß der Import schwerpunktmäßig auf die Artikel abgestellt wird, die zum Aufbau einer Friedenswirtschaft dringend benötigt werden, so z.B. auf Kohle, Erze und Stahl, wir sind aber der Meinung, daß man die Belange der Theater nicht vergessen darf.

Wir würden es begrüßen, wenn Sie uns unter Hinzuziehung eines Vertreters der Staatlichen Plankommission einmal Gelegenheit geben, mit Ihnen all diese schwierigen und für die Arbeit der Theater entscheidenden Probleme durchzusprechen, damit hier und da eine gewisse Verbesserung geschaffen werden kann.

Mit vorzüglicher Hochachtung *Walter Felsenstein*

18.10.1953. Es war eine besonders gute Vorstellung. Mit Glanz. Obwohl sie Mängel hatte. Wenn man sich vor dieser Vorstellung nach der etwas aus Überspannung geborenen Wiederaufnahme gefürchtet hatte, kann man es nun vor der nächsten tun.

Herr Burgwinkel hatte die schönste Vorstellung, die ich überhaupt von ihm gesehen habe. Ohne Dampf, mit erwartungsvoller Freude „stürzte er sich in den Strudel rein".

Kapitel IV

Herr Busch war reizend. Aber er kämpft natürlich noch mit allem, was er tun muß. Besonders mit den Stiefeln.

Frau Armgart kam zum großen Teil den Proben nach. Der Walzer von Frau Schöner ist nicht mehr, was er war. Etwas matt. Es scheint ein Zustand zu sein.

Es ist gut, daß das Orchester so nah beieinander sitzt. So kann jeder hören, was sein Nebenmann gerade spielt.

Das *Pariser Leben* trägt den Keim einer großartigen Vorstellung in sich. Mit kleinen Proben für einzelne Szenen und einer anderen musikalischen Leitung wäre es wohl zu schaffen. Das Haus war voll besetzt. Das Publikum war noch besser als in der letzten Vorstellung. Es war das beste Publikum, das ich je hatte.

E.v.F.

3.11.1953. Die Vorstellung litt an dem Bemühen, sie zu halten.

E.v.F.

9.11.1953. Herr Busch war textlich sicherer als in der letzten Vorstellung. Nur hat man den Eindruck, daß ihm der Text manchmal erst im letzten Moment einfällt. Darstellerisch ist es ebenso. Manche Gesten kommen zweimal, erstens, wenn er sich daran erinnert, zweitens, wenn sie wirklich kommen sollen.

Herrn Burgwinkel kommen nach zwei Vorstellungen die Probenerinnerungen abhanden. Gestern hielt die Vorstellung nur noch Dampf und Routine zusammen. Die Vorhänge stimmten nie. Es war ein Vorhangzieher da, der diese Vorstellung schon gemacht haben soll. Davon konnte man nichts

Pariser Leben

merken. Im 2. Bild ging die Courtine* zu früh hoch, die Beleuchtung war nicht fertig, es war also dunkel. Im 3. Bild ging die Courtine wiederum zu früh, blieb hängen, wurde wieder heruntergelassen und ging dann endgültig auf. Mit Herrn Pikosz ist besprochen, daß dieser Vorhangzieher zu keiner weiteren Vorstellung allein zugelassen wird, ehe er sie nicht einige Male mitgemacht hat (der frühere Vorhangzieher von *Pariser Leben* ist entlassen). *E.v.F.*

8.12.1953. Wenn diese Vorstellung nicht so viele Mängel gehabt hätte, wäre sie gut gewesen. *E.v.F.*

16.12.1953. Man kann ruhig sagen: Vom 3. Bild an würgte sich die Vorstellung durch. *E.v.F.*

31.12.1953. Nur am Schluß: „Findet Ihr in den Gassen..." – versteht man kein Wort, wodurch das *Pariser Leben* keinen Endpunkt hat. Der Endpunkt ist Getöse.

---
* *Separater, stückbezogener Bühnenvorhang, der nach oben gezogen wird.*

Kapitel IV

Man kann sagen: Mit voller Anstrengung kam es zu einer Sylvestervorstellung. Sie mißlang nicht. Das Ensemble machte auf mich den Eindruck nach – wenn auch nicht immer siegreich – doch bestandenem Kampfe.

Das Publikum war das beste Publikum, das man sich zu einer Sylvestervorstellung wünschen kann: mit Aufmerksamkeit und Spaß ging es mit. *E.v.F.*

30.1.1954. Es war eine Vorstellung, die das Publikum in beste Stimmung versetzte. Aber sie war schlecht. In früheren Vorstellungen gefährdete das 3. Bild die Aufführung, weil es lahm war. Das ist jetzt anders: es gefährdet, weil es zu einer Art Zirkusszene geworden ist.

Herr Busch hatte keine Vorstellung von seiner Rolle und spielte drauf los. Wie ich denn zur Überzeugung gekommen bin, daß weder er, noch Herr Mühlhardt oder Herr Dicks im Grunde eine Vorstellung davon haben, was ihre Rollen mit dem *Pariser Leben* in diesem Bild zu tun haben. Jedenfalls ist es verloren gegangen. Vor allem ist ihnen nicht klar, wie tödlich jedes vom Inhalt ihrer Rollen abweichende Chargieren ist. Herr Busch weiß gar nicht, daß er chargiert. (Er sagt mir immer: Das wollte der Chef so haben!) Musikalisch fand ich, daß es eine überaus schmißreiche Vorstellung war. Herr Spies war nicht meiner Meinung. *E.v.F.*

22.3.1954. Erstaunlicherweise passierte nach der langen Zwischenzeit gar nichts Ernstliches. Aber manches gelang nicht oder die Darsteller griffen zu eigenen Mitteln, was auch nicht gut war. Das Publikum ging mit der Handlung des Stückes lebhaft mit und schrie vor Vergnügen. Mit Ansagen

Pariser Leben

ist im *Pariser Leben* nichts mehr zu machen. Es müßte durchgehend probiert werden. *E.v.F.*

11.4.1954. Herr Sawade, obwohl textlich und auch sonst sehr zuverlässig, braucht Proben, weil er sich mehr und mehr seinen eigenen schauspielerischen Fähigkeiten überläßt. Außerdem glaubte ich in dieser Vorstellung ernstlich, daß er sich im Stimmbruch befindet. Das Licht kam einmal zu spät und einmal falsch auf die Courtine. Leuchter und Hocker standen falsch im 3. Bild. *E.v.F.*

1.5.1954. Die Szene Brummerhoff – Döhle (4. Bild) war von Frau Döhle aus gut. Frau Brummerhoff hat viel verloren. Den Charme in der Albernheit z.B. Wenn ich an Proben denke: es ist das ganze Stück! *E.v.F.*

23.5.1954. 2. Bild: Beim Auftritt Burgwinkels aus der Tür rechts klemmte die Tür so, daß Herr Sawade zu Hilfe kommen mußte und dann beide Mühe hatten, sie zu öffnen. Diese Tür klemmte schon in der vorigen Vorstellung. Da die Technik auf dem Standpunkt stand, daß Herr Burgwinkel schuld sei und Herr Burgwinkel mir das bestätigte, machte ich keine Meldung – was ich bereue. Es gab Lacher beim Publikum.

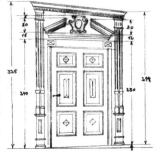

Kapitel IV

Nach dem 2. Bild ging die Courtine zu spät hoch, so daß Herr Sawade auf das Hochziehen warten mußte. Zum Applaus kam sie zu früh runter, so daß ein Applausvorhang wegfallen mußte. Herr Sawade beschwerte sich darüber und verlangte für das 5. Bild zwei Vorhänge für sich, andernfalls wolle er dann nicht mehr weiterspielen. Um Aufregung während der Vorstellung zu vermeiden, bekam er sie, obwohl mir diese Forderung wenig sinnvoll erschien (es langte für zwei Vorhänge)! *E.v.F.*

Pariser Leben

Erhellende Hinweise zu den Stückfiguren

Irmgard **Armgart** – Pauline

Stubenmädchen der Madame Quimper-Karadec; mimt bei einer extra inszenierten Table d'hote für einen nach Paris gereisten schwedischen Baron namens Gondremark eine Admiralsgattin.

Irmgard **Arnold** – Gabriéle

Handschuhmacherin; wichtige Figur bei besagtem Festessen, da eine trauernde, aber sehr lebenslustige Oberstenwitwe darstellend.

Charlotte **Brummerhoff** – Madame Folle-Verdure

Nichte der Quimper-Karadec und Freundin Christines, der jungen Gattin des schwedischen Gastes.

Josef **Burgwinkel** – Baron von Gondremark

Eben jener reiche, schwedische Baron. Ihm wurde von einem Freund wärmstens empfohlen, in Paris die stadtbekannte Grisette Metella aufzusuchen, deren Dasein offenbar für die schönsten Erlebnisse und Erinnerungen steht. Ihm wird perfekt vorgegaukelt, daß das Haus des Lebemannes Gardefeu eine Filiale des Grand-Hotels sei. Hier erlebt er denn auch die berühmte französische Table d'hote.

Hans **Busch** – Jean Frick

Schuhmacher; ebenfalls einer der vom Lebemann Gardefeu engagierten Handwerker und Domestiken, die bei jenem groß angepriesenen Essen etwas anderes darstellen, als sie tatsächlich sind: er einen Major.

Wilhelm-Walther **Dicks** – Bobinet

Neffe der Madame Quimper-Karadec, Freund Gardefeus und ebenfalls Lebemann. Die Uniform, in die er admiralverwandelnderweise geschlüpft ist, erweist sich leider als etwas zu eng, weshalb sie unter der Spannung nachgibt und einen sichtbaren Riß aufweist – wodurch es dann zu einem hinreißenden „Loch-Ensemble" kommt.

Ena Döble – Madame Quimper-Karadec

Madame hat zwei bemerkens- und beneidenswerte Merkmale: sie ist reiche Witwe und Hausbesitzerin.

Erna-Maria **Duske**, Eva-Maria **Nerlich** und Susanne **Düllmann** – Clara, Leonie und Louise

Nichten des Portiers; Angestellte bei Madame Quimper-Karade.

Bernhard **Korsch** – Jean Frick

Der alternierende Schuhmacher/Major.

Kapitel IV

Jarmila **Ksirova** – *Metella*

Eine Edelkokotte, deren Ruhm bis zur nördlichen Hälfte der Erde gedrungen ist, weshalb der alte Schwede unbedingt nach Paris reisen mußte. Metella ist – unter anderen – seit längerem auch den beiden Herren Bobinet und Gardefeu verbunden, was deren Freundschaft zwar vorübergehend trübte, aber nicht grundsätzlich gefährden konnte.

Hermann **Lenschau** – *Raoul de Gardefeu*

Ebenso wie sein Freund Bobinet ein junger, eleganter Nichtstuer, der nur zu gerne die Baronin Christine vernaschen möchte. Deshalb veranstaltet Bobinet – als Schweizer Admiral verkleidet – ein zweites Festgelage für den Baron, und zwar im Hause seiner Tante, Madame Quimper-Karadec. Damit gewinnt Gardefeu sturmfreie Bude für sein – nach dem Opernbesuch Christines – geplantes Tête à tête. Wobei er sich – auf das schon etwas fortgeschrittene Alter des Barons spekulierend – vornimmt, Christine nach den genossenen musischen Freuden Genüsse noch ganz anderer Art zu verschaffen.

Kurt **Mühlbardt** – *Josèphe Partout*

Gardefeus ehemaliger Diener, jetzt in höherer Position als Fremdenführer des Grand-Hotels tätig. Läßt sich von seinem früheren Herrn bestechen, damit dieser sich als Fremdenführer gegenüber den beiden schwedischen Gästen ausgeben kann.

Ortrud **Reifarth** – *Dame*

einer Reisegesellschaft im 1. und einer Maskengesellschaft im 5. Akt.

Gerhard **Rosenberg** – *Männliches Pendant*

der Rolle von Ortrud Reifarth.

Harald **Sawade** – *Raoul de Gardefeu*

Alternierender Lebemann.

Sonja **Schöner** – *Baronin Christine Gondremark*

Junge, schöne und kunsthungrige Parisreisende – im Gegensatz zu ihrem ältlichen, abenteuerhungrigen Mann.

ALBERT LORTZING

Zar und Zimmermann

IN DER KOMISCHEN OPER

Zar und Zimmermann von Albert Lortzing
1.11.1952 - 1.7.1959, 206 Vorstellungen mit 230 359 Besuchern
Regie: Walter Felsenstein; Ausstattung: Heinz Pfeiffenberger; Musikalische Leitung: Erich Wittmann, Leo Spies, Meinhard von Zallinger, Karl-Fritz Voigtmann; Abendspielleiter: Carl Riha (C.R.), Ellen von Frankenberg (E.v.F.)

Das Publikum war äusserst aufgeräumt
oder
Notenwerte waren wohl mehr Zufallstreffer

Vier Variationen

Marcato. Ein Kollege weiß zu berichten: In der sowjetischen Botschaft, der Komischen Oper benachbart, wohnte Außenminister Molotow. Zu nächtlicher Stunde pflegte er – zum großen Mißvergnügen der für seine Sicherheit Verantwortlichen – einsame Spaziergänge Unter den Linden zu unternehmen. Eines Tages wurde bekannt, daß er eine unserer Vorstellungen besuchen wolle. Es herrschte große Geschäftigkeit und Aufregung. „Schwerbewaffnete Krieger" seien an allen Ecken und Enden postiert gewesen und selbst mit Sonderpässen versehen, hätte man Mühe gehabt, in das eigene Hause eingelassen zu werden. Als Vorstellung war – sinnigerweise – *Zar und Zimmermann* gewählt worden. Der hohe Gast hätte sich pflichtgemäß sehr befriedigt geäußert und die persönliche Bemerkung angefügt, es habe ihn besonders gefreut, daß die Maske unseres Zarendarstellers mit den im Kreml hängenden Bildern Peters des Großen täuschend übereinstimme. Dabei hätte man annehmen können, daß sowjetische Mentalität mehr Wert auf den Zimmermann legen würde als auf den Zaren.

Giocoso. Ein Abendspielleiter stellt dazu in seinem Vorstellungsbericht resigniert fest: Mit der Ankündigung von

Gästen habe ich eigentlich wenig Erfolg. Allgemein ist man eher etwas beleidigt, daß angenommen würde, daß ohne Gäste eine schwächere Leistung zustande käme. Herr Niese sagte, daß er gerne wissen würde, was denn die Gäste gesagt hätten. Es hätte ihn zum Beispiel sehr interessiert zu erfahren, daß in der *Zar und Zimmermann*-Vorstellung die sowjetischen Gäste gefunden hätten, daß er dem Zaren wirklich ähnlich sehe.

Lamentoso. Eine Meldung im ,,Abend" (Westberlin) bestätigt den Opernbesuch: Der Außenminister des bolschewistischen Rußland, Wjatscheslaw Molotow, war gestern in Ost-Berlin beim Zaren zu Gast. In der Komischen Oper hörte er sich Lortzings *Zar und Zimmermann* an. Bei der Arie ,,Auch ich war ein Jüngling im lockigen Haar" lächelte Molotow versonnen.

Maestoso (Pressemeldung). Die Außenminister hörten *Zar und Zimmermann* +++ Die reizende Aufführung *Zar und Zimmerman* in der Komischen Oper Berlin-Ost wurde am 12. Februar für die Herren Außenminister gegeben. Wir hatten auf die lebendige Inszenierung Felsensteins bereits vor einiger Zeit hingewiesen, aber in diesem Augenblick denkt man doch unwillkürlich an das feine Intrigenspiel der Nebenhandlung, in dessen Mittelpunkt der Bürgermeister und die geheimen Gesandten stehen: Der Russe verbündet sich mit dem Franzosen und düpiert den Engländer. In der Inszenierung kommt diese von Lortzing humorvoll gefaßte Geschichte recht hübsch, ohne jede ,,Spitze" heraus, denn diese wäre ja werkfremd. Mit leisem Lächeln stellt man fest: Ausgerechnet zur Viererkonferenz diese Oper! Sollte hier der Wunsch der Vater der Idee gewesen sein? Es wäre reizvoll, bei der Aufführung einen Blick in die Herzen der Herren Minister zu tun. Hoffentlich haben sie genug menschlichen Humor und künstlerisches Empfinden, um nicht übelzunehmen. Was sollte sonst der Holländer sagen? Sein Vertreter, der dicke, überbeschäftigte Bürgermeister, der so „klug und weise" ist, kommt doch wahrlich schlecht weg und könnte – ohne Humor – Anlaß zu einem politischen Notenwechsel geben. Aber der Noten sind genug gewechselt, wir möchten Taten sehen. In der Oper erlebt man das gute Ende der Haupthandlung: Peter bekommt seine Marie, und niemand leidet Schaden. Hoffentlich erleben wir ein gutes Ende der Konferenz, und jeder bekommt auf natürliche Weise das Seine, wir als Nation des Komponisten die Einheit Deutschlands. Warum soll nicht eine alte, gute Oper mit dazu beitragen können?

Kapitel V

2.12.1953.

Ansätze von Übertreibungen die bei Sahler schon am 30.11.
zu beobachten waren haben sich noch verstärkt. Er "drückt
gewaltig auf die Tube" und stört damit die Konsequenz seiner
Partie. Vor allem in seiner Arie und im Finale treten Dinge auf
die gewollt komisch sein sollen. Ich sah mich deshalb zu beiliegendem Brief an ihn veranlasst.
Peters war indisponiert. Stimmlich war kaum etwas zu merken
dagegen waren manche Dialogszenen unkonzentriert.
Sehr gut war diesmal Möller. Ariette und vor allem das Duett
haben an Tempo und Präzision, aber auch an äusserer Ruhe gewonnen.
Eine ausgezeichnete Leistung.
Niese sang diesmal die Arie überraschend gut und war auch sonst
sehr bei der Sache.
Der Chor, bis auf eine Unregelmässigkeit in der Kantate (3/4 Takt
Wie haben wir gesungen) sehr gut.

Lebhafte Beteiligung des ausverkauften Hauses.

sehr ungleichberechtigt

✉

Lieber Herr Sahler!*   *15.1.1954*

Ich konnte heute wegen eines Termins Ihre Ankunft nicht mehr abwarten. Darf ich Ihnen auf diesem Wege eine Beobachtung aus der von mir zuletzt gesehenen Vorstellung sagen: Der ganze 3. Akt mit der „Kantate" lebt von seiten des van Bett in erster Linie davon, daß er – in musischen Dingen stets verhindert und nicht anerkannt – zum erstenmal die Gelegenheit hat, künstlerisch zu glänzen. Deshalb ist der Eifer und die Unduldsamkeit gegenüber seinen Schäflein ebenso erstmalig wie seine eitle Vorfreude auf den Erfolg seiner Produktion.

Ich sage Ihnen das nur, weil Sie mich in jeder Vorstellung

---
* *Offenbar hatte ein zum Vorstellungsbericht paralleler Brief von Riba, über dessen Anlaß Felsenstein „sehr unglücklich" war, nichts genützt.*

mit der Entwicklung dieser Rolle sehr verwöhnen und mir unlängst auffiel, daß im Verhältnis zum 1. und 2. Akt Sie im 3. Akt schon etwas allzu sicher waren.

Ich diktiere das in aller Eile und habe nicht einmal die Zeit, die Unterschrift abzuwarten. Entschuldigen Sie bitte diese Form und seien Sie vielmals gegrüßt von Ihrem
Walter Felsenstein

13.2.1954. Durch Herrn von Zallinger ist es eine „musiziertere" Aufführung geworden. Aber dadurch wird der Chor gezwungen herunterzuschauen, was er tut, wenn es bereits zu spät ist. *E.v.F.*

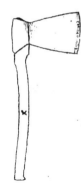

7.10.1954. Der einzige Mißton entstand im Finale 3. Herr Staps schmiß seinen Auftritt durch Textgestammel „Der Hafen ist geöffnet" – was den Chor in seinem ganzen Umfange zu Heiterkeitsausbrüchen veranlaßte. Als sich das Gekicher etwas beruhigt hatte, kickste der Zar in seiner Schluß-Arie, was abermals recht fröhlich quittiert wurde. Schade, die Aufführung war wirklich so gut, daß sie diesen Disziplinlosigkeiten nicht geopfert werden mußte. Es wäre nötig, in Anbetracht der anderen Aufführungen, den Chor an seine künstlerische Verantwortung zu erinnern.
C.R.

Kapitel V

An die Chorinspektion 6.11.1954
z.Hd. der Herren Henkel und Roeber

Durch das Abschaffen von Geldstrafen ist, wie Sie selbst feststellen können, die Disziplin im Hause in jeder Hinsicht zurückgegangen. Es gibt kaum eine Aufführung, in der nicht verspätete oder versäumte Auftritte, auch von Chormitgliedern, gemeldet werden. Besonders die Unruhe vor und nach den Auftritten hinter der Bühne nimmt in einer Weise zu, daß die Inspizienten allein nicht mehr in der Lage sind, ihrer Herr zu werden. Ich bin daher gezwungen, die Chorinspektion damit zu beauftragen, die Disziplin hinter der Bühne – soweit es die Mitglieder des Chores betrifft – persönlich zu überwachen. Wenn sich Kollegen den Mahnungen der Inspizienten und Ihren Mahnungen nicht fügen, wird nichts anderes übrig bleiben, als Entlassungen vorzunehmen.

Walter Felsenstein

11.11.1954. Die 100. Vorstellung war gut, aber sie hatte einige Mängel.

Herr Sahler versäumte seinen Auftritt zum Finale im letzten Bild. Er hatte sich in der Garderobe Herrn Blasbergs aufgehalten, wovon die Inspizienten nichts wußten. Das Klingelzeichen für das Finale hatte er für ein Zeichen für Herrn Blasberg gehalten. Die Inspizienten merkten, daß er beim Umzug nicht da war und mußten ihn erst suchen. Die Souffleuse hatte zu viel getrunken. Es passierte dadurch nichts, nur war es offensichtlich.

E.v.F.

Zar und Zimmermann

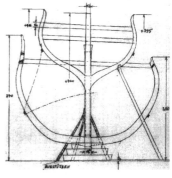

5.1.1955. Ein sehr ernstes Problem sind die Umbauten geworden. Nicht die technische Seite ist damit gemeint, die klappt tadellos. Aber der Umstand, daß nach jedem Umbau auf der Bühne ein gewaltiger Temperatursturz eintritt – gestern waren es nach dem 1. Akt nur noch 15° – zwingt uns zu überlegen, wie man dem abhelfen könnte. Wenn nicht anders, so müßte man die Pausen etwas verlängern, bis sich die Temperatur auf der Bühne wieder etwas erwärmt hat. Ein anderer Vorschlag wäre, mit der technischen Leitung zu sprechen, ob es nicht doch möglich ist, den Großteil der Sachen im linken Seitenmagazin unterzubringen, um das lange Offenhalten der Bühnentüren zu vermeiden oder auf ein Minimum zu reduzieren*. Außerdem muß der Heizer angewiesen werden, die Bühnenbeheizung besonders unter Druck zu halten. *C.R.*

28.5.1955. Das Sextett klang stellenweise traurig. Ich habe dem Dirigenten dringend eine Probe empfohlen. Das Publikum war äußerst aufgeräumt und klatschte begeistert. *C.R.*

✶ *Das linke Seitenmagazin schloß direkt an die Hauptbühne an, während das rechte nur über den Hof erreichbar war. Dadurch mußten die Kulissen- und Dekorationsteile vom Magazin durch „Wind und Wetter" auf die Bühne transportiert werden. Das brachte natürlich im Winter durch die geöffneten Türen empfindliche Kälteströme mit sich. Dieser Zustand änderte sich erst – genau wie alle anderen baulichen Unzulänglichkeiten – nach dem Umbau 1965/66.*

Kapitel V

23.11.1955. Musikalisch war die Aufführung nicht immer eine reine Freude. Besonders das Sextett wackelte in sich und um sich.   *C.R.*

28.11.1955. Nicht in Ordnung ist das Sextett. Es klingt stellenweise jämmerlich. Der eine ist zu hoch, der andere zu tief – der Rest mittendurch.   *C.R.*

3.12.1955. Nach Ermahnung aller Beteiligten und eingehender Besprechung ging das Sextett wieder in Ordnung. Ja, es wurde sogar danach lebhaft applaudiert.   *C.R.*

29.12.1955. Eine runde Aufführung, an der man im einzelnen weder szenisch noch musikalisch etwas zu beanstanden hat.

Im 2. Bild, beim Brautlied, brach in dem Augenblick, da das Brautpaar zum Sitzen eingeladen wird, die Bank entzwei. Sie ist ,,aus dem Leim gegangen". Nach Aussage der Requisite liegt es daran, daß die Möbel nicht geeignet unterzubringen sind. Auch der Tisch des Zaren im 2. Bild wackelt erbärmlich. Hier muß etwas geschehen! *C.R.*

Aktennotiz   30.12.1955
Direktor Kostka; Herrn Krause (Requisite)

Wie wir aus dem Vorstellungsbericht vom 29. 12. entnehmen, brach in der Vorstellung *Zar und Zimmermann* in dem

Zar und Zimmermann

Augenblick, da das Brautpaar zum Sitzen eingeladen wird, die Bank entzwei. Auch der Tisch des Zaren wackelt erbärmlich.

Nach Aussage der Requisite liegt es angeblich daran, daß die Möbel nicht geeignet unterzubringen sind. Was haben Sie dazu zu sagen? Herr Intendant Felsenstein erwartet umgehenden Bericht.

Betr.: Aktennotiz vom 30.12.1955 *5.1.1956*

Das Zusammenbrechen der Bank ist darauf zurückzuführen, daß diese vom betreffenden Chorherrn zu kraftvoll hingestellt wurde. Die zahlreichen frischen Splitter bestätigen diese Vermutung. Herr Pikosz vertritt auch diese Ansicht. Das Wackeln des Tisches ist eine Folge der übermäßigen Beanspruchung während der Proben *Wirtin von Pinsk* und der unzulänglichen Unterbringungsmöglichkeiten. Es ist Vorsorge getroffen, daß sich derartige Vorfälle, soweit es in unserer Macht steht, nicht mehr wiederholen. *A. Krause*

Lieber Herr Krause! *19.1.1956*

Ihre Begründung des Vorfalles mit der Bank in *Zar und Zimmermann* überzeugt mich nicht.

Wenn die Unterbringungsmöglichkeiten unzulänglich sind, müssen sie erweitert und verbessert werden. Es kommt ja wohl auch sehr darauf an, wie und mit welchem vorsorglichen Interesse Möbelstücke auch in beschränkten Unterbringungsmöglichkeiten verwahrt werden.

Kapitel V

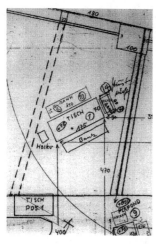

Ich war vor wenigen Tagen Zeuge eines Möbeltransportes vom Unterbringungsraum zur Bühne. Ich war entsetzt darüber, wie der Wagen hochgestapelt beladen war – bestimmt nicht zum Vorteil der Möbel. Vielleicht ist in diesem Fall kein Schaden entstanden. Aber ich würde, wenn ich um den Zustand der Möbel besorgt bin, lieber zweimal fahren. Zu diesem Kapitel gehört auch die Verwendung von Vorstellungsmöbeln bei den Proben anderer Stücke.

Der langen Rede kurzer Sinn: Ich bin der Meinung, daß man – sowohl was die Schaffung von Unterbringungsmöglichkeiten wie auch die Pflege der Möbel betrifft – dafür mehr tun kann als derzeit von seiten der Requisiten-Abteilung geschieht.

Walter Felsenstein

6.2.1956. Was soll man dazu sagen, wenn z.B. Herr Blasberg an der bewußten Stelle des 2. Finales „Wo war ich doch gleich stehengeblieben?" es nicht unterlassen kann „Hier, Herr Bürgermeister" zu sagen. Als ich ihn darauf ansprach, fragte er, was ich gegen ihn hätte. Ich habe nur insofern etwas gegen Herrn Blasberg, als es nicht angeht, beim Chor jedes, auch das kleinste Vergehen, zu rügen, und die Disziplinlosigkeiten der Solisten zu übersehen. Ich habe keinen

Zar und Zimmermann

Strafzettel geschrieben, weil ich Ihnen die Entscheidung überlassen möchte.

Peters ließ im Sextett einige Töne los, die schmerzlich waren. Ich möchte in der nächsten Vorstellung das Sextett ohne Ansage auf Band aufnehmen lassen. Vielleicht  können wir dann mit dem Intendanten zusammen eine kurze Vorführung veranstalten. Es klingt wirklich zum Steinerweichen. In der Ouvertüre fiel ein Feuerlöscher von der dritten Galerie mit großem Getöse auf den ersten Turm. Unter den Zuschauern war Herr Professor Klemperer! *C.R.*

Lieber Herr Riha! *8.2.1956*

Ihr Bericht über *Zar und Zimmermann* bringt mir die *Freischütz*-Angelegenheit mit Blasberg in Erinnerung. Solche Dinge können nur rigoros, und zwar ohne Zeitversäumnis, geahndet werden.

Ich bitte, mir noch zwei oder drei Zeugen namhaft zu machen, die den Satz „Hier, Herr Bürgermeister" gehört haben. Ebenso brauche ich verbindliche Chor-Aussagen, aus denen beweisbar ist, daß das Lachen der Damen im *Freischütz* auf einen Witz von Blasberg zurückzuführen war.

Der Abendspielleiter kann vom Zuschauerraum aus nicht immer derartige Disziplinlosigkeiten feststellen, günstigstenfalls nur ihre Wirkung. Ich werde in Zukunft die Inspizienten bestrafen, die eine sofortige Mitteilung darüber unterlassen.

Mit den besten Grüßen.

Ihr Walter Felsenstein

Kapitel V

Lieber Herr Blasberg!   *11.2.1956*

Herr Direktor Kostka berichtete mir von Ihrer Aussprache, das unangenehme Vorkommnis in *Freischütz* betreffend. Ich freute mich über Ihre Einsicht und Ihr Versprechen für die Zukunft.

Leider wurde mir einen Tag später Ihr Extempore in *Zar und Zimmermann* – ,,Hier, Herr Bürgermeister" (nach van Bett's Satz: ,,Wo bin ich doch gleich stehengeblieben?") – gemeldet. Ich kann mich genau erinnern, wie ich bereits auf den ersten Einstudierungsproben einige Chorwünsche hinsichtlich dieses uralten, völlig witzlosen und des Stückes unwürdigen Extempores in einer Weise abgelehnt habe, die mir die Gewähr zu geben schien, daß diese Gefahr für immer gebannt wäre.

Ich frage mich nur, was für eine Befriedigung Sie bei einer derartigen Entgleisung empfinden können. Ich habe sowohl als Leiter der Komischen Oper wie als Regisseur dieser Vorstellung nicht das geringste Verständnis dafür und kann mir auch nicht die geringste Nachsicht derartigen Dingen gegenüber leisten.

Städtewappen von Saardam

Ich verwarne Sie hiermit ebenso ernst wie freundschaftlich und habe Herrn Direktor Kostka um eine entsprechende disziplinare Regelung gebeten.

Mit den besten Grüßen

Ihr Walter Felsenstein

Zar und Zimmermann

15.2.1956. Das Sextett haben wir diesmal mitgeschnitten. Ich bitte um Ihre Mitteilung, wann Sie es hören wollen. *C.R.*

27.3.1956. Peters, unkontrollierbar wie fast immer, ließ sich zudem wieder einmal zu einer ausgesprochenen Undiszipliniertheit hinreißen, indem er im 2. Finale die Stelle „Ein Gesandter, ein Gesandter aus Frankreich" laut, falsch und im Diskant mitsang, worüber sich der Chor mit Berechtigung beschwerte.

Ich bitte Sie, in diesem Falle ebenso zu entscheiden wie bei Herrn Blasberg, damit auch Herr Peters mit dem Begriff der Disziplin des Hauses vertraut gemacht wird. *C.R.*

7.3.1957. Herr Sahler hält seine Arie nicht durch. Es kam kein Applaus. Woraufhin er den neuen Pfad des ernsthaften Komikers verließ und sich sein Publikum zu holen versuchte. Diese Arie müßte probiert werden. *E.v.F.*

16.3.1957. Wenn mich am Schluß der Vorstellung die Sänger begierig fragen, ob der Intendant in der Vorstellung gewesen sei, ist das meistens ein Zeichen dafür, daß sie das Gefühl haben, großartig gewesen zu sein. Nun suchen sie die Bestätigung dafür und würden gern gelobt werden (auch der Chor).

E.v.F.

Kapitel V

21.3.1957. Die Szene Burgwinkel – Sahler war ausgezeichnet. Aber ab 2. Akt war Herr Burgwinkel bei einer Mischung Weps - Dachs angelangt. Es war aus mit ihm.

> Das Ballett bat um folgende Meldung: Herr Winkler hat die Holzschuhe gänzlich mit Gummi benageln lassen. Die Gummistreifen, die bisher darauf waren, hätten den Teppich schwarz gemacht. Aber sie bleiben hängen mit diesem Gummi und der Holzklang ist auch weg.
>
> *Was geschieht nun? – F.   Herrn Ternberg*

6.4.1957. Durch den Krankheitszustand von Herrn Paul wurde ich von der übrigen Vorstellung zu sehr abgelenkt, um einen vollständigen Bericht geben zu können.   *E.v.F.*

Lieber Herr Paul!   *6.4.1957*

Sie haben die Titelpartie in *Zar und Zimmermann* mit äußerstem Fleiß und Ehrgeiz einstudiert und sowohl in der ersten wie in den darauffolgenden Aufführungen einen echten Berliner Erfolg gehabt. Ich war darüber glücklicher, als ich es Ihnen sagen konnte, weil ich mein in Sie gesetztes Vertrauen bestätigt fand. Ich habe deshalb auf den zweitägigen Rückfall, den Sie während der Einstudierungszeit hatten, wie Sie wissen, nicht reagiert.

Ihre heutige Leistung war vom ersten Augenblick an derart besorgniserregend und indiskutabel, daß ich nahe daran war, die Aufführung abzubrechen und Sie nach Hause zu schicken.

Lieber Herr Paul, bei dem, was Sie hinter sich haben, muß ich voraussetzen, daß Sie in jedem Augenblick wissen, welche Folgen nicht nur die geringste Menge Alkohol auf Sie hat, sondern auch irgendwelche anderen Betäubungs- oder Rausch-Medikamente.

Was Sie heute zu sich genommen haben, weiß ich nicht. Es interessiert mich auch nicht, sondern ich stelle nur als Ergebnis fest, daß Sie sich in einem kaum zurechnungsfähigen, zumindest aber kaum kontrollierten Zustand befanden. Wenn Sie außerordentliche Schmerzen oder sonstige organische Störungen hatten, so war es Ihre Pflicht, einen Arzt über die Möglichkeiten Ihres heutigen Auftretens zu befragen.

Daß Sie ein Auftreten an der Komischen Oper in dem Zustande wie heute für möglich halten, erschreckt mich zutiefst, und wir können darüber auch gar nicht diskutieren. Es ist auch das einzige und letzte Mal, daß ich bei einem solchen Anlaß versuche, Ihnen zuzureden und Sie zu warnen. Im ersten künftigen Wiederholungsfalle sind wir geschiedene Leute.

Verstehen Sie bitte den Ernst und die Strenge meiner Zeilen, die ebenso aus meinem Glauben an Ihre Möglichkeiten wie aus meiner Verantwortung für die Komische Oper geschrieben sind.

Mit den besten Grüßen *Ihr Walter Felsenstein*

18.4.1957. Herr Paul als Zar war gesanglich ausgezeichnet. Im Zarenlied legte er sich in der 3. Strophe am Schluß einen hohen Ton ein.

Kapitel V

Herr Peters muß im Metropoltheater seine Stimme entdeckt haben. Das Duett mit Herrn Sahler leidet darunter.

Bei Herrn Gruber kam zum erstenmal eine Art angesetzter Gefühlshebel zum Vorschein, der ihn zum Schleppen verführte (Flandernlied). *E.v.F.*

9.5.1957. Herr Sahler war ein pausenloser, unumstößlicher van Bett, so daß das Publikum auch sofort darauf einstieg. Aber das wuchs sich im 2. und 3. Akt leider zu einer unrhythmischen Schlamperei aus. Darin versank er.

Das Nachspiel des Zarenliedes wurde vom Orchester (Blech) so geschmissen, daß eigentlich dadurch das ganze Zarenlied geschmissen war. Es war fürchterlich.
Das Haus war sehr gut besucht, der Applaus war nach allen drei Akten sehr gut.

8.9.1957. Herr Sahler hatte besonders starken Applaus nach seiner Arie. Das setzte ihn sogleich in Fahrt, und er geriet ab da ins „Kaspern". Er kasperte ausgezeichnet, aber natürlich wurde dadurch sein 2. Akt-Schluß ungefährlicher als sonst. *E.v.F.*

13.9.1957. Leider hat Herr Sahler – wenn ich etwas sagen will – eine zu ablehnende Haltung. Er hält sich wieder mehr an seine komische Begabung als an den Versuch des inhaltlich ernsthaften Spielers. In seiner Art sehr gut und diszipliniert.

Stimmlich war er gestern nicht so gut, obwohl man doch in dieser Beziehung nie Ansprüche stellt. Notenwerte sind wohl mehr Zufallstreffer *E.v.F.*

Zar und Zimmermann

24.9.1957. Die Vorstellung war gut – das Haus sehr gut besucht mit einem sehr guten Publikum. Der Applaus war durchaus zufriedenstellend. Am Freitag ist die nächste Vorstellung. Sie kann nicht gut werden, denn dieses Werk, das doch in gewisser Hinsicht „ein Schinken" ist, will kein Mensch zweimal in einer Woche spielen, glaube ich. Ich wünschte, man nähme ein anderes Stück zum „Abspielen".

E.v.F.

Sehr geehrter Herr Felsenstein!

Materiell gedacht, bekommt man für sein weniges Geld recht viel zu hören und zu sehen bei Ihren Vorstellungen.

So war ich wieder am Freitag, den 28., bei Ihnen, *Zar und Zimmermann* zu sehen. Schon 1904/05 sah ich das Stück in der Morwitz-Oper des Friedrich-Wilhelmstädtischen-Theaters in der Chausseestraße bei guter Besetzung und Musik. Weiterhin hörte ich diese Oper in anderen Theatern. Allemal wurde der Zar des öfteren herausgerufen, aber leider bei Ihnen nicht. Auch mich hat der Gesang des Niese direkt kalt gelassen, obwohl er mir als Schauspieler und Sänger sehr gut gefällt. Nur fehlte bei seinem Vortrag des „Zarenliedes" die innere Wärme, die Lyrik. Auch die Worte zu diesem Text hat er zu hart und ohne Schmelz hervorgebracht. Der Sinn des Liedes ist doch, die Sehnsucht zur Kindlichkeit in dem Erwachsenen, der so viel Bitteres erleben muß, hervorzuzaubern. Hier, bei diesem Lied, hat unser Sänger versagt. Er hat doch sonst so eine königliche, ja, kaiserliche Figur, Mimik und Stimme zu dieser Rolle.

Kozub sang sein „Lebe wohl, mein flandrisch Mädchen"

Kapitel V

mit so einer angenehm lyrischen Stimme, daß ich entzückt davon war. Überhaupt sind in allen Episoden schöne Stimmungen hervorgezaubert worden. Ganz hervorragend war Ihr Holzschuhtanz. Sonst wird er immer so mit harten Klotzpantinen heruntergetrampelt. Bei Ihrem war aber nur ein weiches Klappern zu vernehmen, daß auf das Ohr die sanfte Melodik Lortzings heraustönte. […]

Alles in allem, lieber Felsenstein, bieten Sie uns Berlinern weiterhin solche Festtage.

Wir alle sind Ihnen dafür dankbar! *Ihr Fritz Lüpitz*

4.10.1957. Herr Sahler hatte 38° Fieber, komikerte mehr als sonst und hat wohl den Ehrgeiz, den van Bett ernsthaft zu spielen, aufgegeben. Dem Publikum gefällt es.

Herr Gruber machte den Eindruck eines verantwortungslosen Gastes, der seine Töne nur forcierenderweise hervorbringt und immer „hinterher" zu sein scheint.

```
Die Bühnenmusik im 1. Akt war vollständig geschmissen.(Herr Ohloff war
krank.)
7 Chorherrschaften waren krank.
Das Haus war wohl fast ausverkauft. Der Applaus war nach dem 2. Akt
sehr gut.
```
Frankenburg

Frankenberg Dieser sind auch vorige Berichte bringen zu einem Entschluß: Was soll ic. Kaum geschehen?

Zar und Zimmermann

Lieber Herr Gruber! *22.10.1957*

Ihre Reaktion auf meine Kritik nach der letzten Vorstellung war so eingeschnappt, daß ich meine Offenherzigkeit eigentlich bereut habe. Sie haben scheinbar nicht verstanden, daß man zu einer so offenherzigen Kritik nur jemandem gegenüber fähig ist, den man sehr schätzt.

Daß ich Ihre Leistung für ganz ausgezeichnet hielt, wissen Sie. Daß Sie von dieser Leistung wissentlich oder gar absichtlich abweichen, habe ich ja nicht behauptet und vermute ich auch gar nicht.

Chateauneuf ist ein gesellschaftlich erfolgreicher, sehr gescheiter und sehr ehrgeiziger Diplomat. Im Vordergrunde steht für ihn die unerschütterliche Absicht, den „Zar Peter den Ersten" ausfindig zu machen. Und zwar, noch bevor dies anderen Teilnehmern am Friedenskongreß von Ryswijk gelingt. Er hat für diesen Fall Vollmachten seiner Regierung und sieht in einem Vertragsabschluß zwischen Frankreich und Rußland den Höhepunkt seiner gesamten Karriere.

Da sein Vorhaben bisher noch nicht gelungen ist, langweilt er sich und kommt – als temperamentvoller und hübscher junger Mann – auf allerlei Gedanken. Als ihn seine Suche nach Saardam führt, wird sein Wohlgefallen an Marie zu einer ziemlich leidenschaftlichen Angelegenheit und nur durch die gleichzeitig entdeckte Spur des Zaren zurückgedrängt.

Ich erinnere an diese Voraussetzungen deshalb, weil mir die erste Begegnung mit dem Zaren und seine Beobachtung am Beginn des Finales im Sinne dieses Vorhabens nicht sensationell und ernst genug erscheint. Das Verhalten Peter Iwanows würde ihn eigentlich zwingen, den Schauplatz zu verlassen. Da er aber mit dem anderen „Zimmermanngesellen", in dem er den richtigen Zar wittert, unbedingt ins Gespräch kommen will, entschließt er sich zu der sehr delikaten und eleganten Ansprache an Peter Iwanow (Andantino), deren Ironie Peter Iwanow gilt, Wohllaut und Pathos aber gleicherweise für Marie bestimmt sind wie auch für den Zaren, dem er dadurch imponieren will.

Das heißt, daß Sie also bei Peter Iwanow beginnen, aber dabei überwiegend in der Nähe Maries bleiben müssen. Die größte Annäherung an Marie erfolgt während des Satzes „Ist eine Schöne schön zu finden denn ein Verbrechen hier zu Land?", so daß Marie sich richtig bedrängt fühlt.

Im Anschluß an den Quartett-Satz (Handkuß) müssen Sie absichtsvoller auf die Anrede von seiten des Zaren warten und mit der erlogenen Nachricht von der Niederlage der Russen setzen Sie alles auf eine Karte.

Im Triumph über Ihre richtige Vermutung muß Ihr Satz „Marquis von Chateauneuf, vom König von Frankreich hierher gesandt" größer kommen.

Das verkleidete Zusammentreffen in der Schenke ist ein außerordentlich spannendes Abenteuer. Bei allem Optimismus hinsichtlich des Gelingens des Planes müssen Sie mit mehr Wachsamkeit, Vorsicht und Lampenfieber ans Werk gehen. Ihre beste Szene in der letzten Aufführung war die Vorbereitung des „Flandern-Liedes" („Nur zärtliche und schmachtende Romanzen"). Aber das Lied selbst litt an zu schnellem Tempo und Mangel an Poesie.

Ist das Lied zunächst nur ein Mittel, dem Zaren eine ungestörte Lektüre des Vertrages zu ermöglichen, so wird es doch sehr rasch zu einem leidenschaftlichen Spaß für Chateauneuf. Das Interesse der reizenden Marie, die Aufmerksamkeit aller Anwesenden und nicht zuletzt die komödiantische eigene Lust, sich als Balladensänger auszuprobieren, spielen dabei eine wesentliche Rolle. Das Tempo des Liedes ist dann richtig, wenn Sie genügend Zeit haben, es in diesem Augenblick erst zu dichten und gleichzeitig auch die Wirkung auf die Anwesenden zu kontrollieren.

So – das wäre für heute alles.

Toi-toi-toi und herzliche Grüße *Ihres Walter Felsenstein*

23.10.1957. Herr Gruber war seinem früheren Chateauneuf bedeutend näher und diszipliniert war er auch. *E.v.F.*

10.11.1957. Herr Paul befand sich – nun zum wiederholten Male – in einem narkotisierten Zustand, der sich besonders im 1. Akt bemerkbar machte in einem Maße, daß zu befürchten war, den Vorhang fallen lassen zu müssen. Als Herr Paul nicht imstande war, die letzte Stufe der Leiter in normaler Zeit zu überwinden, hatte ich den Eindruck, daß nun auch das Publikum diesen Moment nicht unbemerkt hinnahm. Über den Gesamteindruck kann ich nichts berichten, weil ich durchaus von der Beobachtung, ob der Vorhang fallen muß oder nicht, beansprucht war. *E.v.F.*

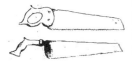

Kapitel V

Sehr geehrter Herr Paul! *11.11.1957*

Der Verlauf der gestrigen Aufführung hat erwiesen, daß Sie nicht in der Lage sind, Ihren Vertrag mit der Komischen Oper zu erfüllen. Sie hatten nach einem ähnlichen Vorkommnis in der vergangenen Spielzeit am 6. April einen Brief bekommen, aus dem unmißverständlich hervorgeht, zu welchen Konsequenzen die nochmalige Gefährdung einer Aufführung führen müßte.

Ich wäre verpflichtet, Sie fristlos zu entlassen. Um Ihren Ruf nach außen hin zu schonen, will ich Ihnen diese Härte ersparen, erkläre Ihnen aber hiermit, daß Sie an der Komischen Oper keine Vorstellung mehr singen können, also weder die Partie des „Zaren", noch die Titel-Partie in *Figaros Hochzeit*.

Hochachtungsvoll *Walter Felsenstein*

25.2.1958. Ein gewisser Aufschwung, den die Vorstellung zu Spielzeitanfang genommen hatte, ist wieder verlorengegangen.

Es ist eine Vorstellung, in der ich vor dem Beginn vom Keller bis zum Boden unterwegs bin, um Ansage zu machen – in der Hoffnung, auf diese Weise wenigstens die Spannung einer Kontrolle zu erregen. Auf diesen Wegen trifft mich aber regelmäßig die Frage „Wie lange das Stück denn noch laufen soll?"

Zar und Zimmermann

Von dieser Vorstellung ist nichts mehr zu erhoffen, als daß sie gut „abläuft". Sollte das nicht genügen, muß sie abgesetzt werden oder vom Intendanten selbst vollständig neu probiert werden. *E.v.F.*

22.3.1958. Wahrscheinlich wirkte sich die längere Pause gut aus. Von allen Solisten aus war es eine geradezu frische und ausgesprochen spielfreudige Vorstellung, die einzelne Schwächen vergessen ließ. *E.v.F.*

16.5.1958. Herr Voigtmann meinte, daß die Vorstellung gut begonnen habe (1. Akt) und sich  dann in absteigender Linie weiterbewegte. Das war auch mein Eindruck und diese Entwicklung ist für diese Vorstellung typisch: niemand hält sie so richtig durch. Drei Kinder mußten nach Hause geschickt werden, da sie offensichtlich Windpocken hatten. Es konnte deshalb nur ein Paar auftreten. Ob Herr Sahler eine bessere oder weniger gute Vorstellung hat, eins bleibt sicher: immer ist er hundertprozentig da. Aber der wahre van Bett geht ihm mehr und mehr verloren. Der Dialog läuft ihm davon und das komödiantische hundertprozentige Da-Sein wird zur Hauptsache.

Die „Zaren-Arie" (1. Bild) mußte wieder wegfallen, weil Herr Niese sie wegen eines Katarrhs nicht riskieren wollte. Darstellerisch war er einer derjenigen, die sich in dieser absteigenden Linie befanden. Das „Zaren-Lied" (3. Akt) war wieder – für mich – in quälender Weise eine Schwankung zu tief. Das Publikum aber – gab spontanen Applaus.

Das war die 193. Vorstellung! *E.v.F.*

Kapitel V

Lieber Herr Niese! *17.5.1958*

Ich kann abermals nichts dagegen tun, wenn Sie fünf Minuten vor Beginn der Aufführung *Zar und Zimmermann* kategorisch und unwiderruflich erklären, daß Sie die Arie nicht singen können. Sie erinnern sich aber zweifellos unseres bereits zweimaligen Gespräches über diesen Punkt, und ich muß Sie dringend bitten, daß Sie in Zukunft im Falle einer derartigen Indisposition die Vorstellung fristgerecht absagen.

Ich kann es unter keinen Umständen verantworten und betrachte es ernstlich als einen Betrug am Besucher, die Aufführung ohne die Arie des Zaren laufen zu lassen.

Mit den besten Grüßen *Walter Felsenstein*

1.9.1958. Herr Niese war weniger ein Zar als ein vernünftiger älterer Herr mit guten Vorsätzen.

Es wäre schön, wenn man eine Garantie haben könnte, daß die gestern bestehende emotionelle Beteiligung des Chores bestehen bliebe. Da ich aber in den Vorstellungen der letzten Spielzeit die äußere Spannung des Chores nur noch mit den Mitteln eines Polizeihundes errei-

Zar und Zimmermann

chen konnte und mich nur die Anwesenheit des Intendanten diesmal davon befreite, hege ich einige Zweifel.

E.v.F.

19.12.1958. Mit Rücksicht auf ihr Alter konnte man mit dieser 200. Vorstellung ganz zufrieden sein. Die Würdigung seitens des Intendanten durch die Blumenverteilung gab Auftrieb.

Der schwache Punkt war das Sextett. Alle sechs waren

irritiert von der Tatsache, daß sie einen Viertelton zu tief geraten waren.

E.v.F.

17.2.1959. Der Erfolg beim Publikum ist anscheinend der Grund dafür, daß diese Aufführung immer wieder weiterläuft. Von diesem Standpunkt aus war diese Vorstellung ein voller Erfolg. Wenn man auch hinzusetzen muß: bei keinem sehr anspruchsvollen Publikum. Das Haus war ausverkauft, der Szenenapplaus prasselte bei jeder Gelegenheit. Die „Kantate" hatte ein da capo – ein da capo wurde vom Ballett erzwungen. Da dieser Fall nicht vorgesehen ist, begann eine ziemliche Verwirrung, da sich das Ballett für den Anfang aufstellte, der Dirigent aber in der Mitte begann, was wiederum nicht alle Musiker wußten. Aber auch das wurde vom Publikum mit neuerlichem Klatschen quittiert. Es war in glänzender Laune. Herrn Peters Neigung zu schauspielernden Nuancen, seine Schnellsprechfähigkeit und Stimme sind größer geworden. Gegen letzteres läßt sich schwer etwas machen, darüber freut er sich zu sehr. *E.v.F.*

26.2.1959. Im 2. Akt brach Herr Gruber beim ersten Auftritt mit der Bank zusammen. Die Requisite zeigte mir die „frische Bruchstelle", aber ich sah, daß sich an der Bruchstelle auch ein langer Nagel befand. *E.v.F.*

13.3.1959. Es war eine überraschend gute Vorstellung. Natürlich vom Gesamtzustand einer abgespielten Vorstellung aus gesehen!

Herr Sahler war geradezu mit Charme bekränzt. Am Schluß der letzten Vorstellung hatte ich ihm – in einer Aufwallung von Zorn – etwas über Klamotte gesagt. Es muß ihn getroffen haben.

Der Chor war darstellerisch erstaunlich lebendig bis zum 3. Akt. Nach der „Kantate" – gegen 23 Uhr – wurde er müde, starrte mit gläsernen Augen zum Dirigenten und schmiß trotzdem. *E.v.F.*

1.7.1959. Keinen der Beteiligten ließ die Tatsache, der „Abschiedsvorstellung" gleichgültig. Dazu kam premierenhafte Aufregung durch die lange Zwischenpause (letzte Vorstellung, 13.3.). Selten wird man eine Gelegenheit haben, so eine Dialog-Szene, wie sie sich zwischen Herrn Sahler und Herrn Burgwinkel abspielte, wieder zu sehen. Eine Marie, wie sie Frau Schöner an diesem Abend spielte, zu sehen, wird auch selten sein. Das Sextett – von Herrn Voigtmann musikalisch einstudiert – bereitete sich mit sichtbarer Spannung vor und ich fand, daß es eine Uraufführung im Sinne der ernsten und komischen ,,Konferenz an beiden Tischen" wurde. Die Höhepunkte des 3. Aktes waren außer der von beispielhafter Emotion erfüllten ,,Kantate" die Dialog-Szenen von Frau Schöner und – außergewöhnlicherweise – das Duett Schöner - Peters.

Das Haus war ausverkauft und ging vom ersten Moment an mit. Dieser Abschiedsabend wird allen in guter Erinnerung bleiben. *E.v.F.*

Erhellende Hinweise zu den Stückfiguren

Erich **Blasberg** – *Admiral Lefort*

Russischer Gesandter und Begleiter des Zaren. Da er sich als Fremder nicht ausreichend legitimieren kann, steht ihm die Verhaftung bzw. bestenfalls Abschiebung bevor.

Josef **Burgwinkel** – *Lord Syndham*

Gesandter Englands auf der fieberhaften Suche nach dem Zaren. Übergibt den englischen Gesandtschaftspaß dem falschen Peter, nämlich Peter Iwanow, der aber

Kapitel V

kraft dieses Originaldokumentes dann seinem Herrscher uneigennützig zur Ausreise verhilft.

Ferry **Gruber** – Marquis von Chateauneuf

Gesandter aus Frankreich; erkennt die Identität des wahren Zaren als erster und nimmt nach der Erfüllung dieser hochdiffizilen geheimdiplomatischen Aufgabe mit tenoralem Charme melodienseligen Abschied von einem „flandrisch' Mädchen".

Ernst **Kozub** – Marquis von Chateauneuf

Alternierender Besinger des flandrischen Ohrwurm-Mädchens.

Gerhard **Niese** – Peter I.

Nachstudierte, zweite Besetzung des legendären russischen Zaren, der der Meinung war, daß ein Politiker auch mal richtig gearbeitet haben muß, daß man außerdem von anderen noch was lernen kann und deshalb in die Welt ziehen sollte.

Karl **Paul** – Peter I.

Russischer Zar, verdingt sich als gastarbeitender Zimmermann unter dem Namen Peter Michailow auf einer holländischen Werft; muß begreifen, daß man mit Zimmermannswerkzeug und Schiffsbauwissen nicht den Aufstand der Bojaren in Moskau verhindern kann und kehrt deshalb überhastet in die Heimat zurück.

Ralph **Peters** – Peter Iwanow

Russe, Peter heißend wie der Zar und wie dieser auf einer holländischen Schiffswerft als Zimmermann tätig. Allerdings ist er nicht der Zar, für den er aber gehalten wird, sondern ein aus dem Heeresdienst Geflohener.

Willy **Sahler** – van Bett

Bürgermeister von Saardam, klug und weise, rüstet sich mit einer berühmten Kantate zum Empfang des russischen Herrschers, den es nur noch zu entdecken gilt.

Sonja **Schöner** – Marie

Nichte des Saardamer Bürgermeisters. Hält zwischenzeitlich Peter Iwanow ebenfalls für den echten Zaren; dann – über seine Identität aufgeklärt – hat sie nichts Besseres zu tun, als mit devoten Ergebenheitserklärungen einer „Magd" gegenüber seine „Kaiserliche Majestät" auf sämtliche Takelagen zu bringen.

Walter **Staps** – Werftarbeiter

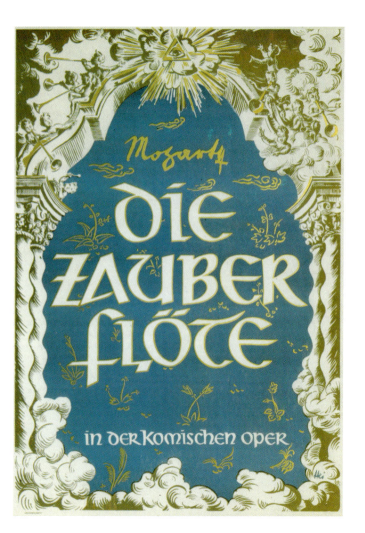

Die Zauberflöte von Wolfgang Amadeus Mozart

25.2.1954 - 29.6.1963, 202 Vorstellungen mit 250 790 Besuchern

Regie: Walter Felsenstein; Ausstattung: Rudolf Heinrich; Musikalische Leitung: Meinhard von Zallinger, Herbert Guthan, Karl-Maria Zwissler, Václav Neumann, Harold Byrns, Kurt Masur; Abendspielleiter: Joachim Herz (J.H.), Götz Friedrich (G.F.), Wolfgang Kersten (W.K.)

Im ganzen Raum herrschte echte Zauberflöten-Stimmung
oder
Der Königin war eine Fliege in den Mund geflogen

Er habe diese Oper bis dahin weder richtig gekannt, noch gar geliebt, sie eher für langweilig gehalten. So Felsensteins Resümee nach seiner ersten und einzigen Beschäftigung mit Mozarts *Zauberflöte*: ,,So konnte und kann man das doch überall lesen: Ein dummes Stück von einem Wiener Vorstadttheaterdirektor, zu dem Mozart herrliche Musik geschrieben hat; Eine unmögliche Handlung mit einem Bruch, der mittendurch geht; Irgend etwas muß diesen Schikaneder während der Arbeit bewogen haben, aus der Königin der Nacht, die zuerst eine gute Frau war, eine böse zu machen, und umgekehrt aus dem Sarastro, der im ersten Akt ein böser Mann ist, einen guten. Das hatte ich blindlings übernommen…".

Nach wochenlangen Proben, die konzeptionell im Sinne der sogenannten ,,Bruch-Theorie" angelegt waren, mußte wegen einer schweren Erkrankung des Bühnenbildners Heinz Pfeiffenberger die Arbeit abgebrochen werden. Mit neuem konzeptionellen Ansatz, einem neuen Dirigenten, Meinhard von Zallinger, und Rudolf Heinrich als Bühnenbildner, den sich Felsenstein aus Halle geholt hatte und der dann bis 1961 Ausstattungsleiter an der Komischen Oper war, entstand eine seiner berühmtesten Inszenierungen.

Kapitel VI

In Erinnerung geblieben – und oft kopiert – sind die in einer Gondel herabschwebenden 3 Knaben. Aus der Theatersaga: Die Gondel fährt nicht. Felsenstein läuft hinter die Bühne zum Technischen Direktor. Dieser, in völliger Verzweiflung: „Ich häng' mich auf! Ich häng' mich auf!" Darauf Felsenstein: „Wenns dann wenigstens weitergeht, Herr Pikosz?"

Die Zauberflöte

Sehr geehrter Herr Intendant!   23.12.1953

Am 22ten erfolgte in den Werkstätten eine Bekanntgabe der noch zu lösenden Aufgaben zur *Zauberflöte* vor den Ressortleitern. Herr Pikosz und Herr Heinrich machten uns mit den einzelnen Bildern bekannt, wobei das 13te Bild noch ungeklärt blieb.

Nach Schluß Ihrer Ausführungen fragte ich Herrn Pikosz, ob es sich bei diesen Forderungen um eine Beibehaltung des von mir zugesagten Termines handeln sollte, oder ob ein anderer Termin festläge. Herr Pikosz sagte, daß der 15. Febr. bindend ist. Ich protestierte ganz energisch dagegen.

Gestatten Sie mir, Herr Intendant, Sie auf die Gründe meines Einspruchs aufmerksam zu machen:

Bei meiner damaligen Zusage für den 15. Februar war mir bekannt: 2 Vorbauten laut Modell und Erklärung, die Prüfungswand, Auftrittspodest der Königin der Nacht, der schwenkbare Baum, die Architekturfortsetzung der Vorbauten auf der Bühne ohne strahlendes Freimaurerzeichen als Bekrönung sowie die Mauer mit den 3 Löwen. Aus Erfahrung weiß ich, daß damit keine Endgültigkeit gemeint ist und rechne auch noch, Unbekanntes zu erleben.

Ich konnte aber nicht damit rechnen, daß mir „Unbekanntes" derartige Formen und Mengen aufwies. Die noch zu lösenden Dinge wie:

Kapitel VI

Schlußapotheose mit 4 Barocksäulen, einer schwebenden Orgel, dazu gehörende Puttos, Zimmer der Pamina, 4 Bäume, hängende Äste, Maiskolbengestell, 2 Steinlöwen, Mittelsäule und Pendant an der Mauer sowie Türenkaschierungen, ferner Grufteingang, 2 Grabplatten.

Die eben angeführten Dinge sind solche, die ich im Augenblick meiner Niederschrift im Kopfe habe, wobei noch offen bleibt, ob ich vergessen habe, noch andere anzuführen.

Ich bin empört, derartige Wünsche als sog. Unbekannte, als eine gebräuchliche Forderung, aufzufassen, die im Termin enthalten sein müßte. Ich mache Sie, Herr Intendant, darauf aufmerksam, daß eine solche Zumutung, die diese Wertschätzung einer Arbeit sowie des daran Arbeitenden als Erwartendes voraussetzt, meiner Ansicht nach gegen den Sinn freier Vereinbarung eines Vertrages verstößt. Um mich vor weiteren Erschwernissen zu schützen, möchte ich hiermit bitten, der Lösung meines Einzelvertrages mit der Komischen Oper zum 21. Aug. 1954 als beendet zuzustimmen.

Hochachtungsvoll *Erich Rahn*

Sehr geehrter, lieber Herr Rahn! *29.12.1953*

Die Festtage sind vorbei und ich beeile mich, auf Ihren, für beide Teile kummervollen Brief einzugehen.

Die Belastung, die bei der *Zauberflöte* in erster Linie und besonders auf Ihnen ruht, ist mir nach wie vor klar. Die Erfahrungen, die ich während der Proben mit den Sängern mache, gelten vermutlich auch für Sie, nämlich: daß bei diesem großen Vorhaben die Dinge in dem Augenblick, da man sie praktisch ausführt, sich eben doch noch als schwieriger

Die Zauberflöte

und zeitraubender erweisen, als man sie bei der theoretischen Planung einkalkuliert hat. Das wäre nicht so schlimm, wenn in diesem Falle nicht – und zwar zum ersten Male in der Komischen Oper – der Termin unverrückbar wäre. Dieser Umstand macht diese herrliche Aufgabe für uns alle zu unserem Golgatha. Aber in der Verbundenheit, die unleugbar und unveränderbar zwischen uns besteht, müssen wir dieses kostbare Kreuz gemeinsam tragen. Glauben Sie mir, auch ich stehe täglich bei meinen Proben vor neuen Schwierigkeiten, mit denen ich nicht in diesem Umfange gerechnet hatte, und ich kann mancherlei Ungeduld und Enttäuschung auch bei Ihnen verstehen.

Aber Sie dürfen das Kind nicht mit dem Bade ausschütten und sich zu Ungerechtigkeiten verleiten lassen, die ich in Ihrem Briefe lese.[...]

Ich möchte hier auch nicht pedantisch die Irrtümer Ihres Briefes aufzählen, sie entspringen einfach Ihrem Affekt und der durch Ihre Überbelastung bedingten Nervosität, die ich voll verstehe. Ich muß Ihnen aber immerhin widersprechen.

Der von Ihnen erbetenen Lösung Ihres Einzelvertrages brauche ich – rein juristisch betrachtet – nicht zuzustimmen, da in Ihrem Falle der erforderliche Stichtag der 30. September ist. Ich glaube aber, wir brauchen darüber jetzt nicht zu sprechen und wollen dieses Thema lieber bis nach der „Zauberflöten"-Premiere vertagen.

Ich möchte Ihnen nur noch einmal sagen, wie klar mir Ihre schwierige und so verantwortungsvolle Arbeitssituation ist.

Mit den besten Grüßen

Ihres Walter Felsenstein

Kapitel VI

Sehr geehrter Herr Vierbücher!* 22.2.1954

Der Verlauf der *Zauberflöten*-Proben in den letzten Tagen offenbarte dispositionelle und technische Fehler, die den Premieren-Termin am 25. des Monats unmöglich machen. Wie Sie wissen, ist aber aus Gründen der Personaldisposition eine Verschiebung ebenfalls nicht möglich.

Ich mußte mich daher entschließen, Haupt- und Generalprobe um einen Tag zu verlegen, damit wenigstens die wichtigsten und aufführungsverhindernden technischen Mängel noch beseitigt werden können. Eine Garantie dafür besteht nicht. Das bedeutet, daß morgen, Dienstag, den 23. Februar, der Ballettabend nicht stattfinden kann und zu den vier, wegen *Zauberflöte* ausgefallenen Vorstellungen, noch eine fünfte hinzukommt.

Obwohl ich diese Maßnahme gezwungenermaßen treffe, empfinde ich sie als untragbar und es wird über die Ursache dieser Situation noch sehr ernst zu reden und auch nachzuweisen sein, daß sie bei richtiger Planung vermeidbar war.

Aber einer unvermeidbaren Tatsache muß man ins Auge sehen, die jetzt aus diesem Anlaß auf höchster und auch auf breitester Ebene angesprochen werden muß. Und das ist die Vogel-Strauß-Politik, die man seit Jahren gegenüber den katastrophalen baulichen Mängeln dieses Hauses betreibt. Ich kann Ihnen versichern und wäre dankbar, wenn Sie sich persönlich davon überzeugen würden, daß einzig und allein das derzeit niederschlagsfreie Wetter eine völlige Zerstörung dieser Produktion verhindert. Denn die ganze *Zauberflöte* mit Bildplastiken, wie sie noch an keinem Theater gezeigt

---
* *Magistrat von Groß-Berlin, Abteilung Kunst und kulturelle Massenarbeit*

Die Zauberflöte

wurden, befindet sich seit einer Woche auf dem Hofgelände unter freiem Himmel.

Man kann auch einen einseitig anklägerischen Standpunkt einnehmen, nämlich den: daß der Intendant und Chef-Regisseur der Komischen Oper überhaupt eine Inszenierung startet, der dieses Haus nicht gewachsen ist. Ich würde mich gegen diesen Standpunkt nicht wehren, aber die Konsequenz daraus ziehen müssen, daß auf alle Pläne, die man mir positiv auslegt, radikal verzichtet werden muß, womit sich allerdings in der Öffentlichkeit die Frage erheben würde, wozu die Komische Oper überhaupt da ist.

Auf dem Boden derselben Tatsache wächst das Problem der Überstunden, das Ihnen von Herrn Direktor Kostka eingehend dargelegt wurde. Aber eine andere Tatsache, die der Öffentlichkeit überhaupt nicht bekannt ist und auf die man auch behördlicherseits keine Rücksicht nimmt, ist die ebenfalls aus baulichen Gründen völlig unzulängliche Beheizbarkeit des Bühnenhauses. Die Bühnenproben in der derzeitigen Kälteperiode finden unter Umständen statt, die sich kein anderes Opernpersonal der Welt zumuten ließe und die es zu einem Wunder werden lassen, wenn die Premiere nicht wegen Erkrankungen abgesagt zu werden braucht.

Ich bin nach meinen jahrelangen vergeblichen Bemühungen nicht mehr in der Lage, einen Don-Quichotte- oder Michael-Kohlhaas-Krieg zu entfesseln. Ich muß es Ihnen als der mir vorgesetzten Behörde überlassen, im jetzigen Zeitpunkt eine Entscheidung und Lösung dieser Frage herbeizuführen, die durch die bisherigen Bemühungen und Methoden nicht erreicht werden konnte. Ich bin mit meinen Leuten Tag und Nacht ausschließlich beschäftigt, die Premiere trotz allem noch zu ermöglichen.

Findet sie aber statt, so ist es an Ihnen, unmißverständlich und wirksam festzustellen, daß sie normalerweise und aufgrund der gegebenen Voraussetzungen niemals hätte stattfinden können. Das heißt: Sie müssen bei allen für die Kulturpolitik der DDR maßgebenden Persönlichkeiten verhindern, daß man einen unwahrscheinlichen Glücksfall als durchaus mögliche Realität zur Kenntnis nimmt und damit – wie bisher – die Notrufe der Komischen Oper als Übertreibungen oder Hysterie oder Anspruchhaftigkeit unter den Tisch fallen läßt.

In vorzüglichster Hochachtung! *Walter Felsenstein*

25.2.1954

Meine sehr verehrten und lieben Damen und Herren!

Ich brauche niemandem von Ihnen zu sagen, um was es heute und an den nächsten Abenden geht, wenn wir wagen, dieses unmeßbare Werk aufzuführen.

Ich danke Ihnen für Ihr Verständnis und bin unserer Verbundenheit noch mehr eingedenk als sonst.

Ein herzliches Toi-toi-toi *Ihr Walter Felsenstein*

Die Zauberflöte

Lieber Herr Rahn! *4.3.1954*

Die Premiere ist vorbei. Wenn wir gerecht sind, so müssen wir damit, wie sie in der Öffentlichkeit aufgenommen wurde, zufrieden sein. Mehr Verständnis für unser Bemühen durften wir nicht erwarten.

Ich brauche Ihnen nicht zu sagen, in welch' hohem Maße Ihre Person, Ihre Arbeit und die Ihrer ganzen Abteilung an diesem Ereignis beteiligt waren und sind, und es wäre lächerlich, für die Anerkennung und den Dank, die ich Ihnen gegenüber empfinde, künstliche Worte zu suchen. Aber es steht fest, daß diese gemeinsame Arbeit die bereits sehr starken und unausgesprochenen Bande zwischen uns noch einmal sehr sehr gefestigt hat.

Bitte lassen Sie mich auf diesem Wege auch Ihren Mitarbeitern meinen herzlichsten Dank ausdrücken. Freilich müssen wir uns klar darüber sein, daß diese Aufführung in den nächsten zwei Jahren zentrale Bedeutung in unserem Spielplan haben wird, und daß alle daran Beteiligten dafür äußerste Sorge tragen müssen, ihren sichtbar künstlerischen Wert zu erhalten.

Mit den besten Grüßen *Ihres Walter Felsenstein*

Kapitel VI

Sehr verehrter, lieber Herr Intendant! 4.3.1954

Es ist mir ein tiefes Bedürfnis, Ihnen für den unvergeßlichen Mozart-Abend zu danken. Auch für mich, wie wohl für jeden Besucher, war es eine Beglückung sondergleichen. Ich glaubte, die *Zauberflöte* einigermaßen zu kennen – und habe an Ihrer Inszenierung übrigens gesehen, daß ich sie im wesentlichen richtig verstanden und für mich gedeutet hatte. Dennoch ist mir der geistige Gehalt dieses fast unergründlichen Spiels niemals so klar geworden wie hier.

Ich möchte meinen, daß eine Interpretation erreicht wurde, die beides dialektisch in sich zu vereinen wußte: eine Darstellung, die sehr weitgehend den ursprünglichen Visionen Mozarts und Schikaneders entsprach und gleichzeitig den kunstliebenden Menschen unserer Gegenwart zu Herzen gehen mußte. Wobei „Herz" als Oberbegriff gefaßt werden muß: denn Sinne, Gefühl und Kunstverstand kamen in gleichem Maße zu ihrem Recht. So entspricht es ja auch der

„doppelten Optik", die jedem ganz großen Kunstwerk eigentümlich ist: gleichzeitig den ganz einfachen, kunstungewohnten Menschen und den „gebildeten Kopf", wie das Schiller nannte, zu entzücken, immer vorausgesetzt übrigens, daß dieser letztere wirklich einer ist und nicht bloß phrasendreschender Besserwisser.

Natürlich hat mich manches frappiert und zum Nachdenken veranlaßt. Ich glaube aber, daß man Ihnen eigentlich in allen Punkten und bei allen Kühnheiten zustimmen muß.

Die Zauberflöte

Gegen die Deutung der 3 Knaben kann es überhaupt keinen Einwand geben; die 3 Knaben müssen wirklich welche sein, denn sonst, wenn die berühmten verkleideten Soubretten auftauchen, wird das Spiel in der Entgegensetzung der 3 Damen und der 3 Knaben, des Jungen und Zukunftsvollen gegenüber dem Untergehenden, wird der Gegensatz des männlichen und weiblichen Prinzips als Widerstreit von Sonne und Mond, Tag und Nacht, Dunkelmännertum und Aufklärung einfach sinnlos. Es hat mich sehr gewundert, daß keiner der Kritiker, die sich im übrigen diesmal Mühe gegeben haben, näher darauf einging, was denn nun eigentlich von Ihnen als wirklicher geistiger Gehalt des Werkes von neuem herausgearbeitet wurde.

Natürlich ist es schade um das geopferte Terzett der beiden Liebenden mit Sarastro.

Ich kenne Ihre Argumentation nicht, habe aber darüber nachgedacht und muß auch da Ihnen zustimmen. Das Terzett bedeutet nun wirklich einen dramaturgischen Bruch. Hier spricht Pamina, wie man es auch inszenieren mag, mit Tamino. Damit aber zerbricht der Bogen von der G-moll-Arie zum Selbstmordversuch: Die hohe Beglückung des Wiederfindens vor der letzten großen Prüfung kann sich folglich nicht einstellen, wenn die beiden Liebenden miteinander schon vorher „konversiert" hatten, als hätte es niemals zwischen ihnen eine Prüfung gegeben. Ich nehme an, daß auch Sie in dieser Art argumentiert und die Opferung des schönen Musikstücks beschlossen haben.

Nochmals also herzlichen Dank für die Einladung und den schönen Abend.

Ihr aufrichtig ergebener *Hans Mayer*

Kapitel VI

Sehr verehrter Herr Professor Mayer! 6.3.1954

Sie haben mir mit Ihrem nicht nur anerkennenden, sondern sehr inhaltreichen Brief eine große, große Freude gemacht. Ihr lieber Brief ermutigt mich, etwas zu gestehen, was ich sonst nicht sage, nämlich: daß die über einen großen Zeitraum verteilte Arbeit an der *Zauberflöte* in den letzten Monaten emotionell und in jeder Hinsicht sich zu etwas verdichtet hatte, was man nicht mehr als Erfüllung einer beruflichen Aufgabe bezeichnen kann. Das Werk selbst und die beiden Autoren hatten eine solche Direktheit an Aussage erreicht, daß ich die Unerfüllbarkeit einer werkmäßig vollgültigen Interpretation erkennen mußte. Das mindert nicht meine tiefe Dankbarkeit allen meinen Mitarbeitern gegenüber für das erarbeitete Ergebnis. Aber das Maß an naiver Betroffenheit, das ich beim Publikum angestrebt hatte, konnte natürlich nicht erreicht werden.

Ich schreibe Ihnen das, um Ihnen meine tiefe Freude über Ihr ungewöhnliches Verständnis zu begründen. Gewiß, die Presse hat sich viel Mühe gegeben. Aber wenn in diesen spaltenlangen Auslassungen nur etwas von dem enthalten wäre, was in und zwischen jeder Zeile Ihres schönen Briefes steht. Auch daß Sie mir die Weglassung des Terzetts verzeihen und sie so präzise begründen, tut mir sehr wohl. Sie können sich bei der Ihnen durchaus bekannten musischen Gesamt-Situation, in der wir uns befinden, ja denken, daß eine Betrachtungsweise und eine Beurteilung wie die Ihre ein seltenes Geschenk bedeutet und von mir dankbarer empfunden werden als ich es Ihnen sagen kann.

In aufrichtiger Dankbarkeit

Ihr sehr ergebener Walter Felsenstein

Die Zauberflöte

📖

6.6.1954.* Frau Vulpius: Gegen Ende des Dialogs hatte ich „ziellose Aufgeregtheit" konstatiert. Es stellte sich heraus, daß ihr eine Fliege in den Mund geflogen war. *J.H.*

7.1.1955. Herr Ferenz: Sehr schädlich ist seine Aufgeregtheit, wenn er Papagena im Arm hat. Vielleicht hätte man ihm geholfen, wenn man für ihn eine ganz neue Figurine gemacht hätte. Bei ihm kracht nun mal nichts aus den Nähten, er wirkt nur verschlissen.

8. Bild/Beleuchtung: Ein Scheinwerfer irrte über die Bühne. Hinter der linken Mauer, auf dem Prospekt, flackerte dauernd das Licht. Aus Sympathie für die Königin „erblaßte" auch der Mond. *J.H.*

29.1.1955. 5. Bild: Finde es schön, daß Holm jetzt auch dem Steinbock und dem Bären eins bläst. *J.H.*

9.2.1955. Finale/Solisten/Chor: Schluß besonders schwach, die Gratulation ohne Inhalt, höchstens der: Die Oper ist aus! *J.H.*

---

* *Letzte Vorstellung der Spielzeit - Ihr folgten zu Beginn der neuen noch zwei Vorstellungen, dann mußte das Stück ausgesetzt werden, weil der Papageno, Benno Kusche, bei einem Autounfall schwer verletzt worden war. Die nächste Vorstellung gab es dann erst wieder am 7.1.1955 mit einem neuen Papageno.*

Kapitel VI

Meine lieben Damen und Herren Chorsolisten!   *10.2.1955*

In den beiden letzten *Zauberflöte*-Aufführungen, die ich sah, und die in Ihren Leistungen makellos waren, fiel mir etwas auf, worauf ich Sie doch hinweisen muß. Am Ende des 1. Akt-Finales nach Sarastros Abgang hält Ihre Freude nicht mehr ganz durch. Die Abgänge sind keine Steigerung, sondern nahezu bereits eine Aufforderung zum Vorhangfallen. Bitte achten Sie darauf, es ist von großer Bedeutung. [...]

Mit herzlichen Grüßen   *Ihres Walter Felsenstein*

12.3.1955. Unfall Frau Vulpius: Der Wagen der Königin hat beim Hinausfahren plötzlich gestoppt, Frau Vulpius ist hinuntergestürzt, der diensttuende Arzt stellte Prellung der Kniescheibe fest. Es wurde von der Technik versichert, daß weder von oben noch auf der Bühne ein Hindernis vorhanden war. Man ist der Meinung, daß das Kabel des Scheinwerfers, der am Wagen angebracht ist, und das während der Fahrt von einem Beleuchter eingezogen wird, unter die Räder gekommen sei. Der Beleuchter lehnt aber diese Erklärung entschieden ab.   *J.H.*

Die Zauberflöte

23.4.1955. Beim Umbau zum 5. Bild passierte die peinliche Panne, daß das Licht anging als noch einige Bühnenarbeiter die beiden Pforten rechts und links hinstellten. Meine Nachforschungen ergaben, daß das Stellwerk aufgrund eines Defekts im Inspizientenpult falsch reagiert hatte. Herr Schumacher gibt über diesen Vorfall eine detaillierte Meldung an die Intendanz.

Abgesehen von dieser einen technischen Panne was es eine gute, stellenweise eine beglückende Vorstellung. Der Beifall erstreckte sich ungefähr über 30 Vorhänge. *G.F.*

29.5.1955. Gegen Herrn Ilsemann's Solotänze im Sklaven-Chor helfen keine Briefe. *J.H.*

9.6.1955. Da der Chef des Hauses diesmal nicht in der Loge vermutet wurde, waren einige Künstler nicht so gut.*
Technik: Gondel 10. Bild kam schon ein Stück herunter, als der Zuschauerraum noch hell war (ohne Musik) und blieb dann hängen bis zum Musikeinsatz. Gondel während des Umbaus Bild 11 zu 12 nicht in halbe Höhe gefahren, dadurch war sie dann zu spät unten. Gondel 14. Bild habe ich daraufhin nicht kommen lassen, da mir diese zwei Überraschungen reichten.

Jedes der heute passierten Dinge kann mal vorkommen. Aber wenn wir mehrmals das Pech haben sollten, daß solche

---

* *Die Vorstellungen verfolgte Felsenstein von der Seitenloge aus, die direkt an sein Intendantenzimmer anschloß. Darsteller, Chor und Orchester wußten deshalb nie, ob er „drin war" und sie eventuell Kritik zu erwarten hatten.*

Kapitel VI

Pannen an einem Abend zusammentreffen, dann können wir bald dem Kollegen Striese Konkurrenz machen.

Knabennachwuchs: Die sehr rührige Frau Lange-Frohberg brachte, wie vereinbart, ein neues Terzett zum Vorsingen mit. Es ehrt mich als Dresdner übrigens sehr, daß es in Berlin keine singenden Knaben gibt. *J.H.*

Liebe Frau Schöner! *7.11.1955*

Anbei meine Notizen von der Hauptprobe:

4. Bild: Nach dem ersten Satz im Duett in derselben glücklichen Erregung ohne jeden Übergang den Papageno-Einsatz bemerken.

„Die Lieb' versüßet jede Plage, ihr opfert jede Kreatur" nur den Anfang des Satzes zu Papageno, die Fortsetzung in glücklicher Entdeckerfreude monologisch, so daß sie von Papageno unterbrochen wird, ihm zuhört und aus seinem Satz „sie wirkt im Kreise der Natur" abermals zu der monologischen und erregendsten Entdeckung kommt „... nichts Edlers sei, als Weib und Mann".

5. Bild: „Nur der Freundschaft Harmonie" bitte ganz nach vorne kommen. Ihr beide bleibt jetzt immer so weit hinten stehen, daß man nicht weiß, ob es eine Publikumsansprache oder ein Monolog ist.

Die Zauberflöte

11. Bild: Denken Sie bitte an die Jeanne-d'Arc-Probe auf der Probebühne. In der Hauptprobe hatten Sie nicht ganz den Mut dazu.

„Ich selber führe dich". Warum strecken Sie ihm die linke Hand entgegen statt der rechten?

Sie werden nicht weniger glücklich sein als ich, wenn auch dies wieder eine Premiere wird.

Toi-toi-toi und herzliche Grüße *Ihres Walter Felsenstein*

19.11.1955. Das Winken der Knaben im 14. Bild beim Herunterfahren der Gondel war mir neu. Ich finde, es müßte so ausgeführt werden, daß es ein Grüßen ist und nicht ein Abschied auf dem Bahnhof. *J.H.*

19.12.1955. 5. Bild: Beim Hellwerden flitzten zwei Bühnenarbeiter auf der rechten Seite eiligst in Deckung – Heiterkeit des Publikums.

9. Bild: Papageno begrüßte zum ersten Male die Knaben richtig: nicht als alte Bekannte, sondern als etwas noch nie Gesehenes, Wunderbares (über diesen Punkt meiner schriftlichen Kritik hatte er sich seinerzeit besonders aufgeregt). *J.H.*

22.12.1955. 12. Bild: Als sich der Weinkrug am Beginn der Szene immer mehr dem Bühnenrand näherte, erschollen im Publikum, das ganz stark mitging, Rufe der Warnung für die Orchestermusiker. Als der Krug im Netz hängen blieb, geschah allgemeines Aufatmen.

Kapitel VI

Der umwerfende Witz des Abends war Herr Rosen. Er war so heiser, daß er bei seinem Lachen sechs Töne auf einmal traf. Er bewältigte den Text, indem er einmal im tiefsten Baß und gleich darauf im höchsten Diskant sprach. Man verstand ihn, aber das Vergnügen wurde durch sein persönliches Pech natürlich noch gesteigert. *G.F.*

13.2.1956. 1. Bild: Schlange: Richtet sich so früh auf, daß sie warten muß, bis sie totgeschossen wird.

Vulpius: ,,Zurück" hatte noch nicht einmal die Kraft, die eine Mutter hat, wenn auf einem Spaziergang ein großer Hund ihr Kind im Kinderwagen beschnuppert. Bei ,,sieh diesen Dolch" war sie nicht in der inneren Erregung, die das Wahnsinnige ihres Planes glaubwürdig machen würde.

Holm: Machte in der Dialogszene mit Pamina mehr den Eindruck ,,Ach du lieber Gott", als daß er zutiefst erschüttert und aufgewühlt war.

14. Bild: Walther (Chor): Befindet sich auf einem Sommerspaziergang am Müggelsee.

Das Publikum ging sehr lebendig mit. Ich hatte das Gefühl, daß auch im Zuschauerraum die Spannung nach der Pause von Bild zu Bild wuchs. Hinterher hörte ich jemanden – ernsthaft – sagen: ,,Die Oper ist fast zu kurz". *G.F.*

4.3.1956. Schlange: Die angesetzte Probe konnte nicht stattfinden, da das Reptil nicht erschien. *J.H.*

8.4.1956. Kusche: ,,Sie wirkt im Kreise der Natur": Mich würde interessieren, was es für den Ausdruck für Folgen hätte, wenn der Sänger mal die von Mozart vorgeschriebe-

Die Zauberflöte

nen Notenwerte singen würde. Der Versuch ist noch nicht gemacht worden.

Technik: Heiterkeit im Zuschauerraum, weil der Umbau mit längerem melodischen Quietschen und Knarren vonstatten ging.

Sprecherszene: Hoffentlich fragt mich nicht mal jemand, was in Tamino in dieser Szene der Reihe nach eigentlich vor sich geht.

Bei der Papageno-Flöte hinter der Szene (nach Taminos Flöten-Arie) sang eine hohe Frauenstimme mit.

Die Tamino-Flöte hinter der Szene kam beim erstenmal nicht!!! Papageno und Pamina reagierten in der Hitze des Gefechts, als wenn sie gekommen wäre – man konnte ja auch nicht voraussehen, daß beim zweiten Einsatz die Flöte dann kommen würde. Sehr peinlich!

14. Bild: Es trat nur Pamina auf!!! Herr Holm kam erst auf die letzten Töne des Chores. Die beiden Kleindarsteller kamen überhaupt nicht. Sie hatten gedacht, das Klingeln könne doch nicht ihnen gelten. Herr Holm kam von sich aus hinter die Bühne zu mir und sagte, er habe die Kleindarsteller gesucht und sei deswegen nicht aufgetreten. Meiner Ansicht nach ist das keine Entschuldigung, denn Herr Holm ist für seine eigenen Auftritte verantwortlich und nicht für die der Kleindarsteller. Wäre er zusammen mit Pamina aufgetreten, so hätte kein Mensch ahnen können, daß da eigentlich noch Diener dazugehören.

Gelten die Strafbestimmungen der Komischen Oper eigentlich für alle in einer Vorstellung Beteiligten? Die Aufführung der *Zauberflöte* beansprucht gewiß den technischen Apparat des Hauses bis an die Grenzen des Möglichen. Es

Kapitel VI

ist daher meiner Ansicht nach durchaus zu verstehen, wenn in diesen Sparten mal ein Schnitzer vorkommt.

Aber es passieren seit je laufend Pannen, die mit den technischen Schwierigkeiten gar nichts zu tun haben. Vorfälle wie die fehlende Flöte oder der nicht auftretende Tamino würden anderswo, wo nicht solche Positiva ihnen entgegenstehen, die Vorstellung zur Schmiere stempeln. *J.H.*

14.4.1956. Der als Ersatz-Steinbock vorgesehene Tänzer ist nicht geeignet, weil er zu groß ist. Er sieht in dem Kostüm – über dessen zoologische oder mythologische Zugehörigkeit man ohnehin streiten könnte – aus wie ein Saurier aus einer früheren Periode der Erdgeschichte. Außerdem paßt das Kostüm natürlich nicht, der Kopf fällt runter. Ich lehne es ab, auf Verdacht abends Experimente zu machen.

Kusche: Einzelne Einsätze kamen nicht. Wie ich hörte, probierte die Feuerwehr gerade die Alarmhupe aus, während er vom Maskenbildner kam, und er bekam einen furchtbaren Schreck, als plötzlich neben ihm dieses Getöse losging. Er führt darauf seine Gedächtnisfehler zurück. *J.H.*

15.4.1956, 50. Vorstellung. Die Solisten zeigten, daß sie genau wissen, wie es sein soll.

Holm: Als er Pamina sah, spielte sich seit langer Zeit wieder einmal etwas ab. Frau Schöner: Freude über Taminos Flöte sehr gut. Kusche: Der Schmiß beim Glöckchenspiel-Lied war wohl ein Rest von der Feuerwehrhupe. *J.H.*

Die Zauberflöte

14.6.1956. Es ist traurig, daß das Stück durch langes Liegen vor die Hunde geht.

Publikum: Ein Schwachsinniger klatschte nach dem ersten Teil der Arie der Königin der Nacht – ein Teil des Publikums stimmte ein. *J.H.*

15.6.1956. Frau Schöner wieder überragend. Bei ihr hat man wirklich den Eindruck, daß das Stück heute und hier geschieht, nicht, daß es „aufgeführt" wird. Daß Pamina die ganze letzte Koloratur und den Schluß des Duetts zu Papageno singt, damit werde ich mich bis an mein Lebensende nicht befreunden können.

Vulpius-Dialog: Erzählt Märchen für die mondäne Welt.

Nocker: Erzählt seinen Text den beiden Steinlöwen. *J.H.*

20.11.1956. Es war die erste Aufführung in der Spielzeit mit Baumgartner, Kogel und Ingeborg Wenglor. Die drei Hauptpartien, Tamino, Papageno und die Königin der Nacht, waren neu besetzt. Vor allem gab es aber einen neuen musikalischen Leiter, Herrn Professor Zwissler, überdies einen neuen technischen Direktor mit einer Mannschaft, die zu einem großen Teil die *Zauberflöte* noch nie gemacht hatte. Es war das erste Mal, daß die Aufführung mit Orchester durchlief – also eine „öffentliche Generalprobe", ohne daß dies so plakatiert gewesen wäre.

Zu allem Überfluß litt der Inspizient an einer Gallenkolik, so daß die Nervosität und Unsicherheit überhand nahm und an Fehlern und Pannen kaum etwas ausgelassen wurde.

Kapitel VI

Trotz einzelner positiver Punkte war der Gesamteindruck niederschmetternd. Die schlimmsten Pannen:

Im 1. Bild waren Kogel und Baumgartner übernervös. Die Arie der Königin hatte kaum einen Inhalt und war musikalisch unsauber.

Beim Umbau vom 3. zum 4. Bild entstand durch ein Versehen eine laute Karambolage beim Herausschwingen des Baumes. Der Vorhang mußte heruntergelassen werden.

Thomann schmiß im Terzett Nr. 6 entsetzlich. Beim Angehen des Lichtes zum 8. Bild versuchten zwei Tapezierer noch, den bis dahin vergessenen mittleren Rasen hinzulegen; sie liefen vor den Augen des Publikums mit dem Rasenteppich ab – er wurde dann zum 9. Bild gelegt.

Im 11. Bild hatte Baumgartner vergessen, seine Jagdtasche mit der Flöte umzutun. Die rechte Orchestertreppe krachte, als der Chor in der Feuer- und Wasserprobe darüber ging. Als sich Pamina beim Herauskommen aus dem Wasser an Tamino klammerte, streifte Frau Schöner Herrn Baumgartner die Perücke vom Kopf.

Einzelheiten der szenischen Darstellung und der Beleuchtung kann ich nicht notieren, weil ich während des größten Teils der Aufführung hinter der Bühne war, um im Falle einer neuerlichen Panne gleich an Ort und Stelle sein zu können.

Die Briefe, die der Intendant an die Solisten nach der Aufführung geschrieben hat, können die Ergänzung dieses Berichtes darstellen. *G.F.*

Die Zauberflöte

Liebe Frau Wenglor! *22.11.1956*

Um Sie zwischen der ersten und zweiten Aufführung in Ruhe zu lassen, wähle ich für einige Bemerkungen zu vorgestern den schriftlichen Weg.

Es ist mir, wie ich Ihnen schon nach der Aufführung kurz sagte, nicht begreiflich, was Sie – bewußt oder unbewußt – veranlaßte, in der Aufführung den Ausdruck, den Sie sich bei den Proben mehrfach mit Erfolg erarbeitet haben, preiszugeben.

Unsere Versuche an der ersten Arie am vergangenen Sonnabend und auch am Montagabend lassen mich davon überzeugt sein, daß Sie erkannt haben, wie sehr Mozart diese Koloraturen nur des Ausdrucks wegen schrieb und nicht, um die Technik und die Virtuosität einer Koloratuese zu strapazieren. Daher kann – wie bei unseren erfolgreichen Versuchen – die richtige Lage nur vom Ausdruck her gewonnen werden. Und gerade dieser Ausdruck zwingt zur ebenso hypnotischen wie siegesgewissen Verhaltenheit. Sowohl das Rezitativ wie das Adagio waren im inneren Tempo zu ruhig und zu tief, so daß das Allegro neu entstehen mußte, statt den von Anfang an vorhandenen und bis dahin nur verborgenen wahren Zustand zu enthüllen. Welches Tempo Sie haben können, beweisen Sie ja nachher in den ersten Sätzen des 8. Bildes.

Warum sollten Sie es also nicht im 2. Bild haben?

Kapitel VI

Die Prosa des 8. Bildes war recht gut, hat aber nicht die Souveränität und die Brutalität unserer letzten Proben erreicht, weil Sie sich zu wenig Zeit dazu gönnten, mit Ihren Ausführungen über Ihren Mann, den Sonnenkreis und Sarastro in erster Linie Pamina fertigzumachen.

Der Schluß des Satzes ,,und den mächtigen Sonnenkreis zurückerobern" muß ebenso wie ,,Kein Wort!" und ,,Der Hölle Rache kocht in meinem Herzen" mehr Größe und Härte haben.

Das 13. Bild war gut, darf aber innerlich und auch in der äußeren Unbeirrbarkeit mehr von der Wahnsinns-Agonie dieser Frau haben, die auch jetzt noch fest überzeugt ist, den Sieg davonzutragen.

Im 2. Bild seien Sie sich bitte bewußt, daß diese Figur im Augenblick ihres Erscheinens mit einem Höhepunkt einsetzt, der demagogisch und diplomatisch abgewandelt, aber nicht entwickelt und gesteigert werden kann.

Mit einem herzlichen Toi-toi-toi   *Ihr Walter Felsenstein*

Lieber Herr Rössler!   *22.11.1956*

Ich möchte Sie vor der Aufführung in Ruhe lassen und schreibe Ihnen deshalb. Ich sagte Ihnen schon, daß – ungeachtet der zahlreichen technischen und musikalischen Pannen und der allgemeinen Nervosität – Ihre Leistung sehr schön war und persönlichkeitsmäßig einen wesentlichen Fortschritt zum vergangenen Jahr bedeutet. Aber dementsprechend müssen gewisse Dinge, die bei Ihnen richtig sind, noch tiefer und ernster werden. Dazu gehört vor allem der Plan mit Tamino.

Die Zauberflöte

8. Bild: Die Arie war ausdrucksmäßig viel ergriffener und schlichter als auf der Probe. Daß Sie aber die Tempi ständig wechselten und mit Zwissler auseinanderkamen, ist unverständlich, weil Sie am Ende der ersten und während der ganzen zweiten Strophe mühelosen Blick-Kontakt haben.

Daß Sie immer noch der Meinung sind, das „tiefe e" am Schluß wäre eine künstlerische Verbesserung, entspricht nicht der eingangs festgestellten Persönlichkeits-Entwicklung.

14. Bild: Daß die Strahlen der Sonne zu wenig Kraft hatten und matt waren, wissen Sie wohl.

Mit einem herzlichen Toi-toi-toi grüßt Sie

Ihr Walter Felsenstein

22.11.1956. Der Vorstellung war eine umfassende Kritik vorausgegangen, teilweise vom Intendanten in Briefen übermittelt, teilweise vor der Vorstellung angesagt. Außerdem hatte von 14 bis 17.15 Uhr eine Dekorations- und Beleuchtungsprobe stattgefunden, auf der die Umbauten bis zum 11. Bild probiert und Beleuchtungskorrekturen vorgenommen wurden.

Insgesamt war die Aufführung viel sicherer und genauer als die vorangegangene. Die Hauptsache war, daß sich erwies, daß sowohl Herr Baumgartner als auch Herr Kogel bei sich fortsetzender, ernsthafter Arbeit imstande sind, ihre Aufgaben innerhalb dieser Inszenierung zu erfüllen.

Einzelheiten:

Rössler: Sang wieder das „tiefe e".   *G.F.*

Kapitel VI

Lieber Herr Rössler! 23.11.1956

Jede Viertelstunde des heutigen Tages ist unverschiebbar besetzt. Und so muß ich Ihnen, in Ermangelung eines unentbehrlichen Gespräches, schreiben.

Was ich Ihnen mit meinen gestrigen Zeilen über den Abschluß der Arie sagte, hatte einzig und allein den Zweck, Sie selbst die künstlerische Konsequenz aus der Summe der Erkenntnisse ziehen zu lassen, die Sie in der auf über zwei Jahre verteilten erfolgreichen Arbeit an dieser Rolle gewonnen haben. Sie haben meine Wertschätzung, die sich in dieser Form ausdrückte, scheinbar nicht verstanden, oder ich habe Ihren künstlerischen Instinkt überschätzt. Jedenfalls haben Sie diesen Hinweis nicht beachtet, auch kein Gespräch darüber gesucht, sondern sich stillschweigend darüber hinweggesetzt und mich dadurch gezwungen, selbst eine künstlerische Entscheidung zu treffen.

Mit den bekannten Argumenten, was Fach-Kollegen oder Gewohnheitsbesucher der *Zauberflöte* dazu meinen, wenn ein Sarastro das tiefe E nicht singt, kann ich mich nicht auseinandersetzen, weil diese Argumentation unter dem Niveau dessen liegt, worüber wir uns hier zu unterhalten haben. Die Willkür Mozart gegenüber an dieser Stelle hat sich bekanntlich eingebürgert in einer Zeit, da dieses Werk in

Die Zauberflöte

einer Unterschätzung seiner eigentlichen Aussage von Stimm-Heroen benutzt wurde. Im übrigen ist die Veränderung einer Note noch kein Sakrileg, wenn – wie in diesem Falle – der Sarastro als jovial alter Priester interpretiert wird. Aber wenn ein begabter junger Künstler sich mit dieser Partie ernst auseinandersetzt und in seiner künstlerischen Potenz das Recht dazu hat, einer neuen, jungen Konzeption dieser Partie zu folgen, einer Konzeption, die in erster Linie auf den Geist und die Absichten der Autoren gerichtet ist, dann ist es ein Verrat an der eigenen Arbeit, wenn man sich Dinge einreden läßt oder sich mit ihnen behängt, die aus der Schatulle des weißbärtigen Genossenschafts-Bassisten stammen.

Was ich Ihnen sagte, und was ich Ihnen jetzt schreibe, geht nicht um das tiefe E als solches, sondern um eine grundsätzliche künstlerische Entscheidung und Haltung, die ich nach unserer bisherigen gemeinsamen Arbeit von Ihnen fordern darf und muß.

Mit den besten Grüßen *Ihr Walter Felsenstein*

14.1.1957. Kogel: Wie schon eingangs erwähnt, fährt ihm der Wein nicht in alle Glieder, vor allem nicht in ein bestimmtes.

Das Publikum war sehr gut; im ganzen Raum schien mir eine wirkliche Zauberflöten-Stimmung zu herrschen. *G.F.*

4.2.1957. 1. Bild, Kogel: Auf mich griff Papagenos erotische Not nicht über. *G.F.*

Kapitel VI

8.2.1957. Bei viel ernsterem Bemühen aller war eine starke Nervosität zu spüren. Kam sie aus dem Wissen, daß Carl Ebert in der Vorstellung war?

14. Bild: Chor: Der Chor muß daran erinnert werden, daß „Dank" sich nicht auf eine Bockwurst bezieht, sondern unter Tränen – nach Not und Schrecken – zutiefst glückhaft ist. Wenn das nicht stimmt, kann auch der Übergang zum Allegro nicht stimmen.

Carl Ebert applaudierte ca. 15 Vorhänge lang. *G.F.*

24.2.1957. 10. Bild: Die Knaben spielten, als ob es um Leben oder Tod geht. Manfred jodelte aber, als ob Mozart nicht ein österreichischer, sondern ein speziell Tiroler Komponist sei.

14. Bild: Die einzelnen Chorherrschaften haben sich offenbar noch nicht klar gemacht, wie ihnen zumute wäre, wenn Deutschland eines Tages wieder geeint und zudem eine Gesellschaftsordnung gefunden wäre, die das Glück und den Frieden aller garantiert. Das Dankgebet am Schluß des „Freischütz" kommt vom Chor stärker. *G.F.*

8.4.1957. Es gab technische Versager:

Der Schnürbodenmeister hatte vergessen, während der großen Pause den Zug auszuwechseln, an dem im 9. Bild der Mädchenbaum herunterkommt. Infolgedessen entstand zwischen dem 8. und 9. Bild eine Pause von ca. 3 Minuten, während derer der vergessene Arbeitsvorgang unter den Augen des Publikums (Blaulicht!) nachträglich erledigt wurde.

Vor dem 12. Bild entstand eine ähnlich lange Pause. Das Licht ging gerade in dem Moment an, als Papageno der ver-

Die Zauberflöte

gessene Krug überreicht wurde. Die Abteilung Requisite streitet sich noch, wer für den Fehler verantwortlich ist. *G. F.*

Aktennotiz 9.4.1957
Herrn Brandt (Techn.Dir.), Herrn Dir. Kostka, z.d.A.

Ich brauche Ihre Bestätigung, daß der Schnürboden in der *Zauberflöten*-Aufführung am 8. dieses Monats vergessen hatte, den Schleierbaum für das Bild 9a rechtzeitig vorzubereiten. Ich muß jetzt Geldstrafen verhängen, anders geht es nicht mehr.

Ich bitte, Ihre Bestätigung bzw. anderslautende Stellungnahme an Herrn Direktor Kostka weiterzuleiten. *Felsenstein*

11.7.1957. Zu Beginn des 12. Bildes passierte ein bedauerlicher Zwischenfall: Der Krug aus Papagenos Arm rollte nicht halbkreisförmig, sondern geradewegs auf die Rampe zu und fiel, da sich das Netz verzogen hatte und nun zu schmal war, einem Orchestermusiker auf den Kopf. Der Herr verließ den Orchestergraben und ging – mehr erschrocken als verletzt. Deshalb konnten Herr Brandt und ich uns nicht persönlich entschuldigen.

Das Haus war ausverkauft und es herrschte im Zuschauerraum eine freudig-erregte Spannung. *G.F.*

17.11.1958. Die Technik brachte eine böse Überraschung: Im 4. Bild war die Stange, die das Gesims trägt, ca. $1^1/_2$ Meter nach rechts abweichend vom Zeichen hingestellt worden, so daß das ganze Bild optisch versaut war.   G.F.

11.12.1958. Und wieder geschah dann mit dem Traumbaum ein Unglück: die Stange wurde bis auf die Erde heruntergelassen, schlug dort auf und wurde nur ein wenig wieder angezogen, als das Licht anging. Aber damit nicht genug: am Schluß des ersten Andante konnte der Baum auch nicht wieder hochgezogen werden. So entstand ein langes Loch, bevor der Dirigent zum Allegro einsetzen konnte.

Der Gipfel des Ärgernisses wurde erreicht, als Herr Kogel am Schluß des 12. Bildes mit Frau Armgart nicht etwa sofort abging, sondern hinter dem Bambusgestell stehenblieb, wo beide das Publikum anstrahlten. Operette!   G.F.

Liebe Frau Armgart!   *12.12.1958*

Ich schreibe ungern, habe aber kein Recht, es zu unterlassen. Freilich auch leider keine Zeit dazu. Deshalb in aller

Kürze: Wenn die operettigen Neigungen im 12. Bild, denen Sie und Herr Kogel gelegentlich – mir völlig unverständlicherweise – neuerdings erliegen, nicht aus einer inneren Haltung und Konsequenz und ohne diesbezügliche Mahnung abgestellt werden, dann werde ich ungemütlich!

Mit den besten Grüßen

Ihr Walter Felsenstein

Die Zauberflöte

1.1.1959. Ein aufregender Zwischenfall: Frau Czerny fiel, als der Wagen nach ihrer ersten Arie hinausgefahren wurde, vom Wagen herunter. Sie hing mit den Füßen nach oben, mit dem Kopf auf der Erde. Als das Licht anging, sah man dieses erschreckende Bild noch. Alle waren bei der Sache. Herr Kogel zum Beispiel von Anfang an sehr frisch und lebendig. Er sollte sich nur hüten, zu oft in die Nähe seiner Genitalien zu fassen. Selbst Zuschauer, die nicht prüde sind, verstehen seine Geschlechtsnot auch ohnedies. *G.F.*

31.3.1959. 2. Bild: Es gehörte zur ,,Glätte" der diesabendlichen Damenleistung, daß auch die Ankündigung der Königin der Nacht bestenfalls die Ankündigung der Kollegin Czerny war. *G.F.*

12.4.1959. 1. Bild: Nicht schön scheint mir, daß Tamino nach dem Hinfallen immer ein Bein nach oben hat, und die 2. Dame in seine gespreizten Schenkel stoßen muß. Oder? *G.F.*

12.6.1959. Wenn die Vorstellung etwas durchschnittlich anlief, so lag das an den 3 Damen. Sie wußten das und führten es auf einen merkwürdigen, komischen Zwischenfall zurück: Einer der drei Pfeile war nach dem Abschuß Herrn Esser direkt zwischen die Beine gesprungen, so daß er so

Kapitel VI

dalag, daß sich der Pfeil den nahenden „3 Damen" zunächst in der Gegend seines Geschlechtsteiles anbot. Es sei dahingestellt, ob das ein ausreichender Grund ist, außer Fassung zu geraten – jedenfalls war das bei den drei Damen der Fall. *G. F.*

5.11.1959

Lieber Herr Reinmar!

Wir haben vor Moskau keine Gelegenheit mehr zu einer ausführlichen Probe. Ich wäre daher sehr glücklich, die heutige Aufführung der *Zauberflöte* als eine Art Generalprobe betrachten zu können, zumindest aber als einen verbindlichen Beitrag zu unserer beider Beurteilunsmöglichkeit.

Ich finde die Gesamtanlage Ihres 1. Sprechers als wieder neu und gegenwärtig gültig. Aber aus mir unverständlichen Gründen haben Sie die ausgezeichnete Version von unserer letzten Probebühnenprobe nicht wieder erreicht.

Die Zauberflöte

Wenn Sie einen Widerspruch empfinden zwischen dem was Guthan Ihnen sagte, und dem, was Ich Ihnen sage, und sich durch diesen Widerspruch behindert fühlen, dann lassen Sie beide an Ihrem Buckel runterrutschen und seien Sie Hans Reinmar. Denn ich nehme doch an, daß das Anliegen, um das es dieser Figur sowohl Sarastro wie Tamino gegenüber geht, bei Ihnen völlig klar ist. Deshalb können Sie sich nur durch die Unmittelbarkeit Ihrer Meinung äußern. Jede Gestaltungsabsicht, bei der ästhetische und phonetische Überlegungen im Vordergrund stehen, geht daneben.

Mit einem herzlichen Toi-toi-toi

Ihr Walter Felsenstein

Lieber Genosse Dölling!★ *14.1.1960*

Allerbesten Dank für Deine Sendung vom 8.1.1960 mit den Bemerkungen zum Gastspiel der „Komischen Oper" in der Sowjetunion. Ich möchte dabei ausdrücklich betonen, daß der zusammenfassende Bericht aus der Feder von Dr. Tautz (wenn man einige Dinge der hiesigen Verhältnisse beiseite läßt, die er nicht kennen kann) mit großer Sachkenntnis und sehr richtigem politischen Urteilsvermögen abgefaßt ist.

Das ganze Material wird uns als Anlaß dienen, einige Dinge hier der Prüfung zu unterziehen und entsprechende Maßnahmen zu treffen.

Zu Deiner Information möchte ich noch folgendes sagen: Felsenstein hat etwas von jenen Söhnen der Familie, die, wenn sie zu Besuch sind, einen großartigen Eindruck hinter-

---

★ *Botschafter der DDR in der Sowjetunion*

lassen und den Eltern Lob und Glückwünsche für die so wohlgeratenen und wohlerzogenen Kinder eintragen, die aber zu Hause die größten Sorgenkinder, oder besser gesagt, einfach unausstehlich sind. Der wirklich geniale Künstler, den seine schöpferische Begabung weit über die Grenzen der bürgerlichen Kunst hinausführt, ist in seiner Weltanschauung, mehr aber noch in seinen Lebensgepflogenheiten, ein bürgerlicher, ja oft ein spießbürgerlicher Mensch.

Eine nicht unbedeutende Rolle spielt dabei seine Gattin, zu deren täglichem intimen Umgang in Westberlin (wo die Felsensteins wohnen) die Gattinnen von Ernst Reuter und Suhr und wahrscheinlich auch neuerdings von Willy Brandt gehören. Dieselbe Frau aber hat uneingeschränkten Zugang zur Korrespondenz, ja sogar zu den Finanzdokumenten der Oper auf unserem Territorium – trotz dringender Vorstellung bringt es ihr Gatte leider nicht fertig, sie davon abzuhalten. Eine ganze Reihe von Urteilen über ,,Bürokratismus" und ,,Interesselosigkeit" stammt aus dieser Quelle.

Hier liegt auch die Ursache, warum Felsenstein so gut wie keinen privaten Umgang mit Künstlerkollegen bei uns pflegt. Von dieser Seite kommt schließlich ein ständiger Druck, der ihn manchmal zu beinahe erpresserischen Forderungen in bezug auf Gagen, Sonderzuschläge, Reisegelder und dergleichen veranlaßt.

Das alles macht uns das Leben ziemlich schwer. Die Summen, die unser Staat hier jährlich investiert, grenzen beinahe ans Phantastische. Man kann es unseren Genossen vom Berliner Magistrat, die bei der Lösung ihrer schwierigen Industrie-, Verkehrs-, Bau- und Kulturprobleme jede Mark dreimal umdrehen, nicht verdenken, wenn sie bei den Verhand-

Die Zauberflöte

lungen mit Felsenstein manchmal etwas nervös werden und z.B. nicht auf den ersten Anhieb jede neue Spezialbeleuchtungslampe vom Typus X, die es nur in Düsseldorf gibt und die 10.000 DM kostet und die sofort beschafft werden muß, bewilligen. Die Sache hat immerhin das Gute, daß Felsenstein sehr genau weiß: nirgends in der Welt, nirgends wird er je die Bedingungen bekommen, die wir ihm  geschaffen haben. Das hat er neulich bei einer Gastinszenierung in der Mailänder Scala sehr deutlich zu spüren bekommen. Hier wurzelt auch die durchaus echte Erklärung, daß er nicht daran denkt, nach dem Westen zu gehen. Seine Bemerkungen auf dem Flugplatz zeigen übrigens, wie recht wir hatten, wenn wir sagten, daß letzten Endes all solche Schwankungen auf mangelnder Klarheit über die realen Perspektiven unserer Entwicklung beruhen.

Das alles habe ich Dir nur mitgeteilt, damit Du Dir das Bild über ihn abrunden kannst. Bei alledem kennen wir durchaus seinen großen Wert für uns und haben, glaube ich, durch die Art des Umganges mit ihm, objektiv betrachtet, bewiesen, daß wir ihn richtig zu behandeln wissen.

Die Einzelbemerkungen über Mitarbeiter des Ministeriums für Kultur und der Komischen Oper waren, wie gesagt, sehr richtig und werden von uns voll ausgewertet.

Die Anregung, die in Moskau begonnene theoretische Diskussion hier fortzusetzen, haben wir aufgenommen. Natürlich muß man die Grenzen dieses Unternehmens kennen:

Kapitel VI

Bei uns gibt es nicht wie in der Sowjetunion eine Menge von Theaterpraktikern und -theoretikern, die in mehr als 40 Jahren in reicher aufsteigender Entwicklung zu einem großen echten Milieu künstlerischer Diskussion geworden sind. Die Zahl „ebenbürtiger" Diskutanten mit Felsenstein ist sehr begrenzt. Woher sollten sie auch kommen? Der Nachwuchs wird in 10 oder 15 Jahren so weit sein.

Also noch einmal besten Dank für die ausführliche und gründliche Information.*

Mit sozialistischem Gruß
Der Leiter der Kommission für Fragen der Kultur beim Politbüro
Alfred Kurella

21.3.1960. Auf der Bühne war Unruhe. Es wurde zuviel neben und unter der Bühne geflüstert und geschwatzt. Eine der Ursachen für die Unruhe ist zweifellos die Tatsache, daß der Montag Lohntag ist. Herr Modess mußte einen seiner Leute wegen Trunkenheit von der Bühne weisen. Abgesehen von diesen Unerfreulichkeiten: eine lebendige, schöne Vorstellung.

Den Charakter der Vorstellung bestimmte nicht zuletzt das Publikum, das so applausfreudig war, daß es sogar in das Zwischenspiel der zweiten Arie der Königin der Nacht hineinklatschte. Man mag vom akademischen Standpunkt darüber den Kopf schütteln. Wenn man aber das Publikum be-

---

* *Diese „Information" ist das 17seitige Protokoll einer detaillierten Beobachtung des Gastspiels und seiner Ausführenden. Von dieser Observierung war noch nicht einmal Kurt Bork, langjähriger Mitarbeiter des Ministeriums für Kultur und späterer stellvertretender Kulturminister, ausgenommen.*

Die Zauberflöte

obachtete, dann konnte man sich des Eindrucks nicht erwehren: ein wahrhaft theatralisches Volksfest! *G.F.*

19.4.1960. Frau Wenzel war schuld, daß verschiedene Einsätze der drei Damen wackelten – weil ihr Ton zu lange braucht, bis er herauskommt. *G.F.*

14.5.1960. Der Intendant ist entsetzt, wie rhythmisch aufgeweicht Papageno ist. Bei „Es ist das höchste der Gefühle" ist Herr Kogel „Onkel Papageno" mit der Jovialität eines Bordellbesitzers. Tamino tritt auf wie ein Bierkutscher.

„O Prinz, nimm dies Geschenk von mir!" – wenn die Übergabe der Zauberflöte so erfolgt, dann wäre es besser, die Aufführung an dieser Stelle abzubrechen. Papageno und Pamina könnten ihr folgendes Duett ebensogut weglassen, weil sie nicht vom sicheren Tod erlöst sind, sondern sich bestenfalls freuen, dem Monostatos einen Streich gespielt zu haben.

„O wär ich eine Maus" – nicht Papagenos Angst, sondern der Staatstheaterschmiere ganzer Jammer faßt mich an.

Gedankenloser als bei diesem Schlußauftritt Taminos kann man nicht mehr sein. Es wirkte wie die Ankunft zu einem Fußballwettkampf. *J.H.*

10.6.1960. Der technische Ablauf war befriedigend. Lediglich am Schluß des 9. Bildes passierte eine gefährliche

Kapitel VI

Sache: Die die Versenkung bedienenden Arbeiter hatten die Kontrolle an der Kurbel verabsäumt, so daß Herr Kogel wie ein Pfeil nach unten sauste. *G.F.*

10.6.1960. Inspizientenbuch: Besondere Vorkommnisse: In Bild 9a sauste die Versenkung mit Herrn Kogel ab. Herr Kogel verspürt Schmerzen. *Schumacher*

Aktennotiz *11.6.1960*
Herrn Petrick (Techn.Dir.), Herrn Dir. Motzkat z.K., z.d.A.

Ich kenne nicht die Zahl der Unglücksfälle, die bereits durch die lächerlich primitive Versenkung verursacht wurden. Jedenfalls ist in der gestrigen *Zauberflöte*-Aufführung Herr Kogel gerade noch knapp mit dem Leben davongekommen. Ob die Schmerzen, die er hat, auf eine innere Verletzung zurückzuführen sind, ist noch unbekannt.

Ich bin gezwungen, die *Zauberflöte* vom Spielplan abzusetzen, wenn nicht bis Schluß der Spielzeit eine den Sicherheitsvorschriften entsprechende Abfahrt der Versenkungsklappe möglich ist. *Felsenstein*

5.7.1960. Papageno ist bis zum Schluß nicht von Todesangst gepackt, so daß der Gegensatz zwischen strahlendem und naivem Optimismus („es wird schon eine kommen!") und der Ausweglosigkeit nicht vorhanden ist. In dieser Vorstellung passierte es – zum erstenmal, sooft ich die *Zauberflöte* irgendwo gesehen habe –, daß im Zuschauerraum auf

Papagenos Aufforderung „Rufet nur: ja oder nein!" sich eine Frauenstimme mit einem lauten „Ja" meldete. Herr Kogel tat das einzig Mögliche: Er ignorierte dieses Angebot, das glücklicherweise vom 2. Rang kam. *W.K.*

Lieber Herr Kersten! *8.1.1962*

Ich möchte sie auch auf diesem Wege noch einmal auf die Ihnen ja bekannte Ordnung aufmerksam machen, wonach über jede Aufführung Vorstellungsberichte gemacht werden müssen (ganz unabhängig vom Besuch der Aufführung durch den Intendanten) und daß dieser Bericht spätestens 24 Stunden nach der Aufführung abgeliefert werden muß. Sie wissen, daß die in der Vereinbarung gegenseitiger Verpflichtungen festgelegte Auswertung dieser Berichte bis spätestens 48 Stunden nach der Aufführung sonst nicht möglich ist.

Warum halten Sie sich nicht an diese Ordnung?

Es fehlen die Vorstellungsberichte der *Zauberflöte* vom 28. Dezember und vom 1. Januar.

Mir ist das unangenehm. *Walter Felsenstein*

25.3.1962. Technischerseits war es eine merkwürdige Vorstellung: es passierte allerlei. Der für den Auftritt der Königin der Nacht vorgesehene Donner löste sich bereits im Nachspiel der Tamino-Arie. Es polterte entsetzlich. Für den Donner war ein neuer Mann eingeteilt, der das Achtungszeichen von Herrn Schumacher als Los-Zeichen mißverstand.

Kapitel VI

Beim Herausfahren des Wagens der Königin rissen die Kabel der am Wagen befestigten Scheinwerfer, die in ihr Gesicht gehen. So blieb sie anfangs dunkler als sonst. Auch der Strahlenkranz hing etwas schief, so daß zwischen ihrer Kopfbedeckung und der Krone keine echte Verbindung bestand. Im 7. Bild war vergessen worden, den Stein auf die Bühne zu stellen. Bemerkenswert, daß die Darsteller sich davon nicht stören ließen. Beim Heraustürzen aus der „Wasserprobe" schien Tamino seine Perücke verloren zu haben. *G.F.*

4.4.1962. Der Falke vollführte unmittelbar nach dem „Glöckchen-Chor" im 6. Bild hinter der Bühne ein lautes Geschrei. Beim Auftritt Sarastros blieb er nicht auf dessen Hand sitzen, sondern schlug wild um sich. Bei diesem Dilemma bleibt ein schwacher Trost, daß der Zuschauer wenigstens merkt, daß das Tier lebt. *G.F.*

25.4.1962. Während des 8. Bildes ließ mich Herr Schumacher aus dem Zuschauerraum rufen und teilte mir mit, daß Herr Moulson noch nicht im Hause sei. Das war gegen 21.00 Uhr. Ich schickte einen Wagen nach Westberlin zum Telefonieren und überlegte gemeinsam mit Herrn Professor Lüddecke krampfhaft, ob und wie wir den 1. Geharnischten eventuell ersetzen könnten. Während Herr König mit dem Auto unterwegs war, erfuhr ich durch unsere Telefo-

Die Zauberflöte

nistin, daß der Herr Moulson den Kontrollpunkt passiert habe.*   *W.K.*

4.6.1962. Nach längerer Pause wieder *Zauberflöte*, und nach längerer Pause auch besuchte der Intendant wieder einmal die Vorstellung. Sie begann – deshalb? – allerseits etwas verkrampft-fleißig, unsicher, mit einzelnen Fehlern, vor allem aber poesielos – besonders bei Herrn Hopp, Herrn Mißner und den 3 Damen, bei denen vor allem Frau Arnold etwas ins Oberflächliche abrutschte.   *G.F.*

Liebe Frau Arnold!   *7.6.1962*

Damit Sie meine notwendige Kritik an der *Zauberflöten*-Vorstellung – die ich heute leider nicht mündlich anbringen konnte – richtig verstehen, muß ich etwas ausholen.

Als ich begann, mit Ihnen zu probieren, war ich im Zweifel, ob – wenn auch auf andere Art – die Leistung von Frau Ekkehard erreicht werden könnte. Daß Sie im Laufe der Proben diese Leistung nicht nur übertrafen, sondern durch erotische Gültigkeit, durch Eleganz und Charme den Damen-Szenen ein ganz neues Gesicht gaben, hat mich nicht nur zu freudiger Bewunderung, sondern – in meiner Liebe zur *Zauberflöte* und zu den Damen-Szenen – Ihnen gegenüber dankbarer gemacht, als ich es zeigen konnte.

---
* *Solche und ähnliche Vorkommnisse gehörten nach dem 13. August zum Alltag der Komischen Oper. Als einziges Ostberliner Theater beschäftigte es noch Westberliner Mitglieder (s. Kapitel „Schwejk"). Auch das Telefonieren zwischen Ost nach West war über Jahre nicht möglich, was den beruflichen Alltag zusätzlich komplizierte und den privaten ziemlich unerträglich machte.*

Kapitel VI

Von diesem Standpunkt und Urteil aus ging ich nach einem Vierteljahr mit Erwartungen in die Aufführung, die – freilich nicht nur durch Sie – bitter enttäuscht wurden. Daß schon von Beginn der Ouvertüre ab die Aufführung eine bestürzende Nüchternheit und Poesielosigkeit hatte, hat bestimmt Ihre Leistung nicht gefördert. Aber was Sie selbst betrifft, so war ich erschrocken darüber, daß alles, was Sie – arrangementmäßig richtig und vereinbarungsgemäß – taten, nicht ernst war, sondern den Eindruck erweckte, als hätten Sie Spaß daran, damit zu spielen. Und sobald Sie sich – absichtlich oder unabsichtlich – einen Spaß daraus machen, verliert bekanntlicherweise das Publikum seinen Spaß daran.

Das beginnt mit dem Anblick Taminos. Wenn Sie in der Absicht, dieses unsagbar schöne und begehrenswerte Geschöpf wachzuküssen, sich nicht verlieren, dann ist nicht einzusehen, warum Sie beim Einsatz der zweiten Dame erschrecken und wütend werden. „Würd ich mein Herz der Liebe weih'n" entspringt doch der romantischen Sehnsucht, hier wirklich einmal die so oft gelästerte große Liebe zu finden. Davon war gar keine Rede. Infolgedessen war die Feindseligkeit den anderen beiden Damen gegenüber nicht bedeutend und deshalb der bis an die Tätlichkeit reichende Ausbruch „Ich, ich, ich!" nicht notwendig, sondern albernes Theater. Die Überreichung des Pamina-Bildes an Tamino ist doch die begehrlich benutzte Gelegenheit, sich dem Geliebten zu nähern und – wenn schon selber ihn nicht zu besitzen – sich in seinem Wohlgefallen an Pamina zu befriedigen. Diese Szene war beinahe eine Parodie.

Ich könnte noch viele Beispiele anführen, die sich auf dieselbe Art auf das 3. und 7. Bild erstrecken. Aber Sie wissen genau, was ich meine und es wäre schade, wenn Sie sich nicht entschließen würden, dieses raschestens zu korrigieren.

Wenn Sie meine Kritik nicht teilen, sondern dadurch Unklarheiten hervorgerufen werden sollten, so lassen Sie mich bitte vor der Aufführung holen. Ich stehe Ihnen zur Verfügung.

Mit den besten Grüßen *Ihr Walter Felsenstein*

Aktennotiz *10.3.1963*
Herrn Friedrich, Herrn Masur, Herrn Holán z.K., z.d.A.

Wir haben einander nach der letzten *Zauberflöte* nur kurz gesprochen. Mein Eindruck vom 12. Bild, den Sie ja teilten, zwingt mich zu der Frage, ob Sie – trotz Ihrer *Salome*-Inszenierung – eine tragbare Verbesserung dieser und vorangegangener Fehlleistungen erreichen können. Wenn Sie diese Frage verneinen, muß ich die *Zauberflöte* absetzen.

Kapitel VI

Bei den Ansprüchen, die wir stellen müssen und die eine Voraussetzung unserer Gesamtaufgabe sind, unterscheide ich sehr wohl zwischen unvermeidlichen, entschuldbaren Fehlern einerseits und einem Verlassen der Konzeption unserer elementaren Leistungsgesetze und eines Mindest-Niveaus andererseits. Letzteres trifft in diesem Falle zu und erfordert Maßnahmen. *Walter Felsenstein*

11.3.1963. Zu der Aktennotiz des Intendanten möchte ich sagen, daß ich bis zur Vorstellung am Sonnabend, dem 16. März, die erforderlichen Kritikansagen machen werde. Der Eindruck des Intendanten bezieht sich nun aber vor allem auf das 12. Bild.

Ich halte es für möglich und notwendig, daß ich vor der übernächsten Vorstellung mit Herrn Mißner und Frau Pawlik das 12. Bild probiere. *Friedrich*

29.5.1963. Das Haus war ausverkauft. Beifall gab es zum erstenmal nach dem 3. Bild, dann nach jedem folgenden. Szenen-Applaus erhielt die 2. Arie der Königin, der „Isis-Chor" und die „Traum-Arie" des Papageno.

Im Laufe der Vorstellung steigerten sich die Herzlichkeit und die Spontaneität immer mehr. Mann kann wirklich sagen, daß die Aufführung im besten Sinne des Wortes nahezu ein Volksfest war. Gibt es mehr?* *G.F.*

---

* *Trotzdem setzte Felsenstein die Aufführung ab. Es war ein nicht ungewohnter Akt. War er der Meinung, daß eine Inszenierung vor dem Publikum trotz aller Proben qualitativ nicht mehr zu verantworten war, nahm er sie vom Spielplan - trotz gut besuchter, ja ausverkaufter Abende.*

Die Zauberflöte

Sehr geehrter Herr Intendant! 3.7.1963

[...] Übrigens hat mir in den beiden Szenen mit Pamina mir Herr Folker sehr gut gefallen. Meiner Meinung nach hatten die anderen nicht so deutlich den Negerfürsten und den Romeo. Die Folge: Sarastros Worte „Ich weiß, daß deine Seele ebenso schwarz ist wie dein Gesicht" sprechen nicht gerade für das menschliche Verständnis und den psychologischen Scharfblick des Herrn der „Heil'gen Hallen". Warum hat Monostatos ausgerechnet ein Amt, das ihn in Paminas Nähe bringen muß (er ist der Chef der Sklaven, die dort zu tun haben), womit er doch augenscheinlich überfordert ist? Und daß man für ihn nichts Passendes gefunden hat, während man für den zugereisten Papageno sofort eine Papagena zur Hand hat – aber vermutlich ist er wählerischer.

Beim Dialog der Königin fiel mir eine Stelle auf: Die Schilderung der Mutter von der Hochschätzung der Eingeweihten durch ihren verstorbenen Mann müßte doch bei Pamina den Gedanken auslösen: also ist doch alles in bester Ordnung! Statt dessen sagt sie, nur auf den haßerfüllten Ton der Mutter eingehend, „dann ist dieser Jüngling für mich verloren?" Müßte nicht wenigstens der Untertext sein: „Wieso ist dann der Jüngling für mich verloren?"

Wie ist eigentlich die Situation des Tamino zu verstehen bei seiner Ankunft vor dem Tempel?

Kapitel VI

Als ein für die Künste empfänglicher Mensch ist er stark beeindruckt und stellt Betrachtungen über den Zusammenhang zwischen produktiver Arbeit und Moral (!) an – und fast im gleichen Atem will er in diesen Tempel hinein – und auf den „feigen Bösewicht" Sarastro losstürmen. Dies ist doch wohl nicht als eine geographische Untersuchung zu verstehen („Sarastro Landesherrscher, Tempel eigenständig, aber durch diesen Tempel muß man hindurch, wenn man zu Sarastro will, sonst hätten mich die Knaben ja nicht hierher gebracht"), sondern doch wohl als Ausdruck einer tiefen Verwirrung: er bringt die beiden Erlebnisse – „Königin" und „Tempel" – nicht auf einen Nenner, ja, ihm fällt nicht einmal ihr Widerspruch auf. Ebenso nachher in der Auseinandersetzung mit dem Sprecher: Tamino sucht (hier) Liebe und Tugend und den Bösewicht Sarastro. Erst die ruhigen Antworten des Sprechers provozieren das Bewußtwerden des Widerspruches bei ihm und den ungeschickten und verspäteten Versuch, die Situation durch die Annahme einer „staatsrechtlichen Trennung" zu erklären („Doch in dem Weisheitstempel nicht?").

Der Sprecher bringt ihn also darauf: Denk' doch mal nach, kann in einem solchen Tempel ein solches Scheusal wohnen?

Die Zauberflöte

Die Bruch-Theoretiker müßten also eigentlich konsequenterweise behaupten, der Beginn des Finales sei nach dem „neuen Plan" komponiert, die Strecke von „Ich wage mich mutig" bis zu der genannten Stelle nach dem „alten".

Am meisten ergriffen hat mich auch in dieser Vorstellung die Stelle, wo der Tempel dem fragenden Tamino Antwort gibt „Hier kann man Pamina nicht gemordet haben" – gerade als dieser sich im Zustande der tiefsten „Finsternis" befindet und nicht weiß, wem er glauben soll.

Gestoßen habe ich mich an dem verteufelt „eingeweihten" Bonmot der Damen über „Lieb' und Bruderbund".

Bitte verzeihen Sie diese querulatorischen Bemerkungen. Eigentlich ist es ja ein Skandal, daß diese Dinge – neun Jahre nach meiner Assistenz – mir jetzt erst auffallen!

Toi-toi-toi für Ihre letzten Proben!

Mit den besten Grüßen

Ihr Joachim Herz

Erhellende Hinweise zu den Stückfiguren

Irmgard **Armgart** *– Papagena*

Dazu auserkoren, dem – auch namentlich so gut zu ihr passenden – Papageno ein altes Weib vorzuspielen, bevor sie ihm ihren Wunsch nach vielen, vielen Papagenas und Papagenos unverkleidet zusingen darf.

Irmgard **Arnold** *– 1. Dame*

Genau wie die 2. und 3. Dame entwickelt sie einige Begehrlichkeit gegenüber dem in Ohnmacht gefallenen Tamino. Sie überreicht ihm später das titelgebende musikalische Requisit sowie ein Bildnis Paminas.

Kapitel VI

Georg **Baumgartner** – Tamino
: Ein Prinz und – vor allem – ein Mensch. Nach dem Erwachen aus der Ohnmacht wird ihm von drei Damen ein Frauen-Bildnis überreicht, das er so schön findet, daß er am liebsten gleich nochmal umfallen würde. Statt dessen läßt er sich von der Königin der Nacht erklären, daß es sich dabei um Pamina, ihre Tochter handelt, die von Sarastro entführt wurde und die er nun befreien soll.

Ingrid **Czerny** – Königin der Nacht
: Ihr wurde von ihrem verblichenen Gatten der „siebenfache Sonnenkreis" genommen und Sarastro übergeben, was sie natürlich in äußerste Erregung versetzt, die sich in sehr hohen Tönen ausdrückt.

Hermin **Esser**, Richard **Holm** und Manfred **Hopp** – alternierende Taminos

Willy **Ferenz** – Papageno
: Angestellter Vogelbeschaffer der Königin; wünscht sich ein „Mädchen oder Weibchen" und übersteht deshalb nach besten Kräften, wenn auch mit schlotternden Beinen, die ihm und Tamino auferlegten Prüfungen in Form von Schweigen sowie Donner und Blitz. Und obwohl er die letzte – Feuer und Wasser – verweigert, wird er dennoch mit Papagena belohnt.

Frank **Folker** – Monostatos
: Ein Mohr, Sklave Sarastros, der Pamina bewachen soll, was bei ihrer jungen Schönheit eine arge Versuchung für ihn darstellt. Im Verlauf des Stückes läuft er zur Fraktion der Königin über.

Hans **Ilsemann** – Einer von Sarastros weiteren Sklaven

Richard **Kogel**, Benno **Kusche** und Werner **Mißner** – alternierende Papagenos

John **Moulson** – 1. Geharnischter Bewacher von Feuer und Wasser.

Hanns **Nocker** – Ein Eingeweihter In Sarastros „heiligen Hallen".

Sylvia **Pawlik** – Eine weitere Papagena

Hans **Reinmar** – Erster Sprecher
: Ihm obliegt es, Tamino eine andere Deutung von Sarastros Reich zu geben als die Königin.

Martin **Rosen** – Ein Sklave

Herbert **Rössler** – Sarastro
: Führender Kopf der „Eingeweihten" des Sonnentempels.

Sonja **Schöner** – Pamina
: Tochter der „Nächtlichen Königin". Besteht mit Tamino die letzte und schwerste Prüfung und sorgt so für das Zusammengehen von Weisheit und Liebe.

Heinz **Thomann** – Alternierender Monostatos

Jutta **Vulpius** und Ingeborg **Wenglor** – Alternierende Königinnen der Nacht

Brunhilde **Wenzel** – Zweite 1. Dame

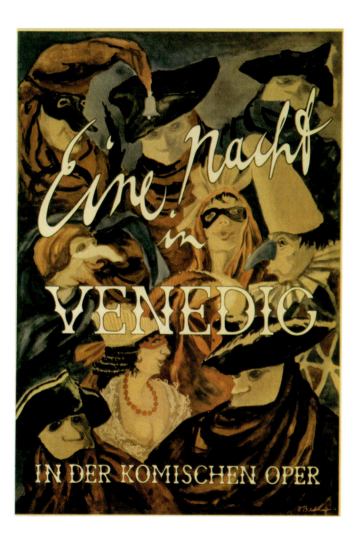

Eine Nacht in Venedig von Johann Strauß

5.9.1954 - 14.7.1955, 57 Vorstellungen mit 66 025 Besuchern
Regie: Walter Felsenstein; Ausstattung: Jost Bednar; Musikalische Leitung: Meinhard von Zallinger, Herbert Guthan; Abendspielleiterin: Ellen von Frankenberg (E.v.F.)

Das Publikum wurde ganz still
oder
Acht Musiker hatten Nasen aufgesetzt

Bei der Uraufführung 1883 in Berlin löste der Text des Lagunen-Walzers „Nachts sind die Katzen ja grau, nachts tönt es zärtlich miau" einen lauten Skandal aus. Der dirigierende Komponist hatte entnervt das Pult verlassen, das Stück fiel aufgrund der Nichtigkeit seiner Handlung und der Banalität seines Textes total durch.

Seitdem gab und gibt es immer wieder Versuche, die Musik zu retten, indem man neu textiert, Fassungen erstellt etc. Felsenstein wollte bei seiner Inszenierung durch eine Neufassung, die zahlreiche Striche, Umstellungen und Neutextierungen beinhaltete, dem Werk und seiner ursprünglichen Bezeichnung als „Komische Oper" gerecht werden. Allen Bemühungen zum Trotz hielt sich das Stück jedoch nur eine Spielzeit im Spielplan – ungewöhnlich für das Haus in der Behrenstraße.

Die Kritik reagierte zum Teil vernichtend auf die Intentionen des Regisseurs: „Wenn Felsenstein aber das ‚Aggressive' in Strauß' Musik zum Anlaß nimmt, um ihr sozialkritische Tendenzen im Sinne von Beaumarchais' ‚Tollem Tag' zu unterlegen, dann scheint uns dieses Verfahren damit vergleichbar, daß man einer Lerche Stacheln einsetzte und behauptete, sie sei nun ein Igel." Der Komponist Paul Dessau hingegen schickte nach der Premiere ein Telegramm, in dem er sich für den „Hochgenuß" bedankte!

Kapitel VII

📖

9.9.1954. Frau Sawade fiel hin und verstauchte sich den Fuß. Der Herzog hob sie auf und es ging weiter. Das Haus

war gut besucht und es hat noch keinen Abend gegeben, an dem die Aufführung so gut beim Publikum ankam. Im 4. Bild kamen fast auf jeden Satz Lacher. Es wäre noch erfreulicher, wenn es nicht ein Publikum gewesen wäre, das an den am wenigsten anspruchsvollen Stellen am meisten lachte. *E.v.F.*

12.9.1954. Es hat den Anschein, als wenn der Herzog auf alle möglichen falschen Arten versucht, Erfolg zu bekommen. Er bekommt keinen.

Die Gondel Caramellos kam ruckweise angefahren, der Herzog verlor dadurch den Hut, die Gondel legte falsch an. Dazu Lärm hinter der Szene: ein Tablett mit Batterien fiel herunter. Die Gondeln fuhren alle schlecht. Außerdem sah man vom 1. Rang, wie Arme sich bemühten, die Leinen in Ordnung zu bringen. Herr Henning fiel und stand mit einem Bein im Wasser. *E.v.F.*

20.9.1954. Es mußte dem Zuschauer auffallen, daß der Herzog ein Mann war, der ihn zu überzeugen suchte, daß er „Stimme" habe. Als ich mit ihm sprach, sagte er, daß ich die einzige sei, die diese Meinung habe. Auf jeden Fall seien seine Töne „erfüllt" gewesen (womit ich meine bisherigen

Eine Nacht in Venedig

Zweifel, ob er jemals verstanden habe, was in den Proben bei ihm angestrebt worden ist, beinahe bestätigt finde). Im übrigen war ich nicht die einzige. Im Zuschauerraum fragte mich nach einer Weile Herr Dicks leise, ob der Intendant das schon mal gehört hätte. Ich konnte „nein" sagen. – Als Ergebnis der Aussprache mit Herrn Arnold soll ich berichten, daß Herr Arnold den Intendanten bitte, ihm seinen Vertrag zurückzugeben, er wolle vom Theater abgehen. Die Herzog-Gondel legte falsch an und fuhr unter Schwierigkeiten ab. Die Tür im 4. Bild – Zimmer des Herzogs – sprang nach dem Zuschlagen wieder auf, sobald sie offen stehen sollte, ging sie zu. Ich habe schon einige Unterredungen mit Herrn Pikosz hinter mir und gestern sagte er, daß keine Sicherheit für beide Möglichkeiten – da Schräge – zu geben sei. *E.v.F.*

21.9.1954. Ich fand, daß es eine gute Vorstellung war – mit Mängeln. Die Mängel lagen auf musikalischem Gebiet. Darüber sprach ich nach der Vorstellung mit Herrn von Zallinger, der entsetzt von dieser Vorstellung war. Er sagte, wenn es wirklich daran läge, daß der dauernde Wechsel der Dirigenten die Unsicherheit der Vorstellung erhöhe, sei es wirklich besser, wenn die Vorstellung erstmal in einer Hand bliebe – in seiner. *E.v.F.*

22.9.1954. Herr de Beer war sehr erkältet, was sich besonders im Gondellied bemerkbar machte. Er wies auf seine stimmliche Indisposition hin und bat mich zu berichten, daß es bei einer derartigen Gondelfahrt ohnehin ein Kunststück sei, überhaupt zu singen. Die Gondel des Herzogs und seine eigene bewegten sich wie die Geißböcke: zügig – und hielten

Kapitel VII

mittendrin mit fürchterlichem Ruck an. Ich wunderte mich, daß niemand herausfiel. Zu allem kam noch sein gesanglicher Ehrgeiz für das „Gondellied". Herr Arnold beschwerte sich gleichfalls über die Gondel. Seine Anfahrt ergab, ebenso wie bei Herrn de Beer, volle Lacher beim Publikum. Herr Arnold war im „Auftrittslied" viel zu leise – kein Applaus. War auch nicht möglich, denn die Leute können nicht viel gehört haben.

Der Schluß des 4. Bildes und stellenweise das 5. Bild wurden durch die Neigung des Herzogs, lachen zu müssen, beeinträchtigt. Daß es beeinträchtigt habe, stritt er ab (wobei „abstritt" ein milder Ausdruck ist). Beim Chorauftritt hinter der Szene erklang zweimal die Stimme eines, der mit diesen Rufen Unsinn machte. Die positiven Seiten der Aufführung sind mir abhanden gekommen.

E.v.F.

An die Direktion der Komischen Oper   23.9.1954

Gestern haben ca. 20 meiner Kollegen vom VEB Osthafenmühle die *Nacht in Venedig* gehört. Wir sind übereinstimmend der Meinung, daß die Inszenierung und das Spiel der Künstler sehr gut und einwandfrei war. Aber gesanglich ist die Komische Oper vieles schuldig geblieben. Ich, persönlich, habe die *Verkaufte Braut* in einer prima Besetzung mit Anni Schlemm, Schopf und Pflanzel* gehört. Auch die Auf-

---
* *Gemeint waren Rudolf Schock und Heinrich Pflanzl.*

Eine Nacht in Venedig

führungen von *Zar und Zimmermann, Vogelhändler* und *Bohème* waren gut. Als alter Theaterbesucher und Opernfreund weiß ich, daß Tenöre knapp sind, aber das Gondellied und der Gesang des Herzogs entsprechen nicht dem Niveau eines Großstadtpublikums Berlins. Vielleicht ist es der Direktion doch möglich, eine Umbesetzung vorzunehmen. Es war schade um die wundervolle Inszenierung.

Mit Hochachtung

Bruno Ahner

📖

3.10.1954. Der Chor stand nicht sonderlich spielfreudig herum. Beim Anlegen der Herzog-Gondel wurde nicht aufgepaßt. Der Bug brach unter qualvollem Knirschen.   *E.v.F.*

6.10.1954. Die ,,Tarantella" war gut, obwohl man aus der Angst, Herr de Beer könnte das Tempo verlieren, nicht herauskommt. ,,Seht, o seht" kam als Schmiß. ,,Auftrittslied" und ,,Ständchen" vom Herzog waren gut.

Besser kann er es eben nicht, und er bemühte sich wirklich. Im übrigen hat er nun Stanislawski gelesen und glaubt, daß er jetzt alles verstanden hat und nicht vom Theater abgehen muß.   *E.v.F.*

9.10.1954. Der Prospekt kam zu schnell herunter, traf Frau Reifarth auf den Kopf – acht Tage krank, sagt der Arzt.   *E.v.F.*

Kapitel VII

3.11.1954. Das 4. Bild litt unter äußeren Störungen für Frau Jürgens. Sie kämpfte mit einem hochstehenden Verbindungsstück (Platte), ihre Schleppe blieb daran hängen, ihre Maske blieb an der Weste des Herzogs hängen, der Herzog stolperte, Frau Jürgens stolperte, der Dialog wurde unsicher. Herr Peters verlor seine Nase – zum dritten Mal! Die Gondel des Herzogs legte an, nachdem die Musik schon längst vorbei war. Sie kam nur mit Hilfe von Centurio wieder weg. Sämtliche Fahrten erfolgten ruckweise, in Stößen. Herr Esser sagte mir, daß die Technik, die die Gondel bedient, darin einen Spaß sähen. Womit nicht gemeint sein soll, daß sie es absichtlich tun, nur finden sie es komisch, wenn es passiert.

Der ganze Abend schien mir, von Herrn von Zallinger aus, auf ein schnelleres Tempo gestellt zu sein. Das Auftrittslied vom Herzog schien mir – schon seit der letzten Vorstellung – äußerlich gekaspert, jedenfalls fehlte die Intimität. Das Ständchen wackelte musikalisch. Die Umstellung auf den anderen Dirigenten machte sich bemerkbar.   *E.v.F.*

Sehr verehrter Herr Intendant!   *4.11.1954*

Darf ich Ihnen ganz aufrichtig sagen, was mich nach der gestrigen Aufführung bewegt:

Ich bin mit größter Freude an diese Arbeit gegangen. Wenn Sie sich erinnern, war ich es, der das Werk vorgeschlagen und der sich immer wieder in aktivem Einsatz um die Aufführung bemüht hat. Ich liebe diese Musik und war der Überzeugung, daß gerade in Ihrer ungemein reizvollen dramaturgischen und szenischen Gestaltung, die innerhalb des

Musiktheaters etwas völlig Neuartiges darstellt, dieses Werk zu dirigieren eine richtige große Freude sein müßte.

Diese Freude ist mir nun völlig verdorben. Daß einige der Mitwirkenden das in Ihrem Hause selbstverständliche musikalische Niveau nicht würden einhalten können, war uns von vornherein klar. Ein so völliges Versagen aber, wie es gestern abend sich ereignete – und sich immer wieder ereignen wird! – lähmt auch den leisesten Ansatz zu jeder musikalischen Gestaltung. Ich muß dies um so mehr als peinlich empfinden, als bekanntlich jede musikalische Ungenauigkeit der Bühne von Publikum und Kritik ausschließlich dem Dirigenten angelastet wird (wobei für jemand, der ein Werk nicht kennt, die Schuldfrage wirklich schwer zu klären ist). Für solche Vorfälle kann ich die Verantwortung nicht übernehmen. Bei weitem noch schlimmer ist der Zwang, einen ganzen Abend lang das Orchester auf weite Strecken hin zur völligen Unhörbarkeit zu verurteilen, damit von den Sängern nur überhaupt etwas zu vernehmen ist.

Die Musik dieses Stückes war es, wegen der ich mich für seine Aufführung eingesetzt habe. Diese Musik wollte ich gestalten und dirigieren – statt dessen wurde ich, wie ich Ihnen gestern schon sagte, zur bloßen Abdämpfungsmaschine verurteilt. Ich muß auch gegen das Orchester gerecht sein und möchte es nicht verantworten, daß es vor der Öffentlichkeit in eine Rolle gedrängt werden muß, die seine Fähigkeiten in einem völlig falschen Licht erscheinen läßt. Was das Orchester gestern an „Diskretion" geleistet hat, war zum Teil bewundernswert. Aber es ist die Grenze des Möglichen nach unten weiter überschritten worden.

Ich bin weder verärgert noch hysterisch. Ich bin nur sehr

Kapitel VII

traurig darüber, daß die Aufführung, auf die ich mich ehrlich gefreut habe, zumindest musikalisch an völliger stimmlicher Unzulänglichkeit, die teilweise an die Grenze des Dilettantismus ging, gescheitert ist. Sie werden es unter diesen Umständen verstehen, wenn ich Sie herzlich bitte, mir die musikalische Leitung der *Nacht in Venedig* sofort abzunehmen.

Mit den ergebensten Grüßen! *Meinhard von Zallinger*

Lieber Herr von Zallinger! 6.11.1954

Zu Ihrem Brief betreffs *Nacht in Venedig* kann ich weiter nichts sagen. Er ist völlig einleuchtend. Freilich waren die von Ihnen genannten Motive auch bereits in dem ausführlichen Gespräch gültig, das wir am 1. November führten. […]

Mit den besten Grüßen

Ihr Walter Felsenstein

9.11.1954. Das Publikum verhielt sich von Anfang an ruhig. Im 4. Bild taute es etwas auf, aber eigentlich nur an Stellen, die mich nachträglich bedauern ließen, daß die Benutzung der Makkaroni nicht zustande gekommen war. Herr Peters sagte, sie seien vollkommen hart gewesen. Die Requisite hatte nicht gewußt, daß es einen neuen Koch in der Kantine gibt, der von den Makkaroni nichts wußte. Also wurden sie erst im letzten Moment gekocht und waren deshalb nicht weich. *E.v.F.*

Eine Nacht in Venedig

29.12.1954. Vom Auftrittslied des Herzogs wird man wohl nie berichten können, daß es gut war. Aber rhythmisch war es nicht schlecht und die Gefahr losgelassener Töne blieb vermieden. Da diese Töne aber in der ganzen Vorstellung nicht kamen, glaube ich, daß er sie nicht hatte.   *E.v.F.*

31.12.1954. Die Momente, die die Vorstellung wirklich schmissen, so daß das Publikum begann, die Aufführung nicht mehr ernst zu nehmen, waren unter anderem der Schmiß des Herzogs beim Auftrittslied. Vier Zeilen lang kam er nicht auf seinen Text. Seine Versuche zu improvisieren, hatten einen unterdrückten Lacherfolg beim Publikum.

Den zweiten Lacherfolg hatte die Gondel Caramellos. Sie fuhr mit der Lautstärke eines Bootes mit Außenbordmotor, kam aber wenig vom Fleck, so daß er das Gondellied größtenteils unter der Brücke singen mußte. Außerdem beschwerte er sich über das Verhalten der Umstehenden, die sich über den Fall amüsierten (was von Herrn Pikosz und den Bühnenarbeitern, die er mir schickte, abgestritten wurde, von Herrn Mandelkow und Frau Krefft bestätigt wurde). Herr Pikosz sagte mir, es sei die Leine unter das Rad gekommen. Auf meine Frage, warum, als das klar war, auf Gedeih und Verderb weitergezogen worden sei, fragte er mich, was er sonst hätte tun können. Das konnte ich ihm nicht beantworten. Vielleicht kann man für diesen Fall ein Preisausschreiben veranstalten, ansonsten wäre es besser, Herr de Beer ginge zu Fuß.

Kapitel VII

Die Sylvesterstimmung des Orchesters drückte sich – vom Publikum wohl unbemerkt – durch musikalische Variationen und einige Unruhe im Orchester aus, wodurch ich bemerkte, daß sich acht Orchestermusiker Nasen aufgesetzt hatten.

E.v.F.

Sehr verehrte Kolleginnen und Kollegen! *3.1.1955*

Es ist mir ein Bedürfnis, Sie auch auf diesem Wege zu dem hervorragenden Ergebnis Ihrer beispielhaften und konsequenten Arbeit an der Einstudierung der *Schweigsamen Frau* zu beglückwünschen und Ihnen herzlich zu danken.

Es wäre aber unaufrichtig von mir, wenn ich Ihnen verschweigen würde, daß meine Freude durch Vorkommnisse in der Sylvestervorstellung *Nacht in Venedig* getrübt wurde. Es fehlt mir bestimmt nicht an Humor. Instrumentale Improvisationen innerhalb einer Aufführung sind vielleicht geeignet, einzelnen Orchestermitgliedern Spaß zu bereiten, die Freude des Publikums daran ist sehr fragwürdig. Daß aber einzelne Mitglieder sich in dieser Aufführung maskiert haben, stellt eine Entgleisung dar, für die ich wirklich kein Verständnis habe, und es ist mir unerklärlich, daß Ihr niveaumäßiges Selbstbewußtsein dies geduldet hat. Überhaupt ist die scheinbar bei manchen von Ihnen vorhandene Betrachtungsweise und Einstellung Operettenwerken gegenüber für unser Institut lebensgefährlich. Das Verlassen des Orchesterraumes während Dialog-Szenen im *Vogelhändler* hat z.B. einen Umfang angenommen, der mich zu meinem größten Leidwesen veranlaßt, mich mit diesen Zeilen energisch da-

Eine Nacht in Venedig

gegen zu verwahren. Ich möchte Sie in aller Kollegialität dienstlich darum bitten, dies generell abzustellen.

Ich habe Ihnen jetzt gesagt, was ich auf dem Herzen habe und wünsche Ihnen und mir vorbehaltlos und herzlich eine fruchtbare und ungetrübte Zusammenarbeit im neuen Jahr.

Ihr Walter Felsenstein

Sehr geehrter Herr Arnold! 3.1.1955

Briefe wie diesen zu schreiben, ist mir verhaßt und auch im allgemeinen hier unüblich. Ihr Betragen jedoch in der vorletzten Aufführung von *Eine Nacht in Venedig* und Ihre Unkonzentration in der Sylvestervorstellung, die bereits zu Publikumsbeschwerden geführt hat, zwingen mich, Sie darauf aufmerksam zu machen, daß ich gegebenenfalls, auch wenn mir persönlich daraus die größten Unannehmlichkeiten der Öffentlichkeit und meiner vorgesetzten Behörde gegenüber erwachsen würden, entschlossen bin, diese Vorstellung vorzeitig abzusetzen. Sie müssen verstehen, daß ich Ihnen nicht Dinge konzedieren kann, die an diesem Hause noch nie geduldet wurden. Es tut mir leid, daß das neue Kalenderjahr, für das ich – unbeschadet meiner Vorwürfe – Ihnen von ganzem Herzen alles Gute wünsche, mit einer solchen Anrede beginnt. Es ist aber eine Frage der Aufrichtigkeit, zu der ich mich jedem gegenüber verpflichtet fühle

Mit den besten Grüßen

Ihr Walter Felsenstein

Kapitel VII

Verehrter Herr Felsenstein! *8.1.1955*

Ihre Inscenierung *Die Nacht in Venedig* veranlaßt mich, Ihnen zu schreiben. Sie ist ein Kunstwerk. Ich weiß nicht, womit ich beginnen soll. Augen, Ohren, Herz waren betroffen von der Schönheit, von der die Aufführung erfüllt ist. Das Umstürzlerischste ist die Auflösung der Chöre und Tänze in menschliches Sein. Und die Pianissimi, die zögernd das Leben beginnen lassen, lassen das Herz fast still stehen.

Die Bühnenbilder sind wie die schönsten Gemälde des alten Italien. Und Licht und Dunkel müssen Sie von Rembrandt abgelesen haben. Nie war das auf einer Bühne zu sehen.

Ich hätte am liebsten dem Publikum hinuntergerufen: Ja, wißt ihr denn, was ihr da vor euch habt – das ist nicht irgendeine gute Theaterinscenierung, das ist ein Neu-Beginn. Von neuem wird der Hanswurst vertrieben. Sie sind der Mann mit dem Besen. Sie kehren aus. Und ein Kunstwerk erhebt sich.

Mit Bewunderung und Dank *Ihr Otto Eggers-Runge*

11.1.1955. Herr Arnold beschwert sich über die Lacher, wenn Herr Peters Salz streut – Beefsteak tatar (kam ohne Übertreibung) – und will diese Lacher inszeniert haben.

Er beschwerte sich auch darüber, daß ich ihm den genehmigten Gang nicht vorher angesagt hatte (hatte ich auch nicht).

Er beschwerte sich weiterhin über den

Eine Nacht in Venedig

Chor im 5. Bild (womit er sicher recht hat). Der Freß-Chor hat viel an revolutionärem Charakter eingebüßt.

Die Gondel Caramellos fuhr mit Krach los – und kam zu spät unter der Brücke durch. Herr de Beer sang sehr laut, wie er sagte: um den Krach zu übertönen. Der Seitenmeister sagte, es hätte an der Wasserbahn gelegen, die erneuert werden müßte. Es sei schon längere Zeit gemeldet, aber es sei keine Zeit dafür da.

Herr Burgwinkel pflegt seit einigen Vorstellungen den Betrag von „3 000 Zechinen" zu steigern. In der vorigen Vorstellung war er bei 7 000 angelangt.

Nachdem er mir für die gestrige Vorstellung zugesagt hatte, wieder herunterzugehen, es dann aber 7 500 Zechinen waren und das Orchester dazu den Lacher ausgab, gebe ich es als Meldung. *E.v.F.*

Lieber Herr Pikosz! *13.1.1955*

Nach dem katastrophalen Gondel-Vorfall in der Sylvestervorstellung kommen die Beschwerden und Unglücksfälle beim Gondel-Auftritt des Herzogs beziehungsweise des Caramello nicht zur Ruhe.

Die geäußerten Ansichten, was gemacht werden müßte, sind verschieden und von mir nicht nachkontrollierbar.

Ich sehe im Augenblick keine andere Möglichkeit, als Sie zu beauftragen, bis auf weiteres in jeder Vorstellung von *Eine Nacht in Venedig* bis zum letzten Gondel-Auftritt im 1. Akt persönlich anwesend zu sein.

Mit den besten Grüßen *Walter Felsenstein*

Kapitel VII

Lieber Herr Burgwinkel! *13.1.1955*

Sie scheinen seit einigen Aufführungen von *Eine Nacht in Venedig* mit Frau von Frankenberg nicht einig zu werden über die Summe, die für den Verwalterposten des Herzogs ausgesetzt ist. Aber da sie im Buch steht und mir nicht recht klar ist, wer über andere Zahlenangaben lachen soll, außerdem Sie eine so beispielhaft-disziplinierte und künstlerisch hervorragende Leistung in der *Schweigsamen Frau* bieten, würde ich gerne wissen, welche Relationen Ihrer Meinung nach in der Behandlungsweise dieser beiden Aufführungen liegen.

Mit den besten Grüßen *Ihr Walter Felsenstein*

13.1.1955. Herr Burgwinkel blieb bei 3000 Zechinen. Aber er war traurig. *E.v.F.*

22.1.1955. Das Duett des 1. Bildes litt am Schluß darunter, daß Herr Peters sich zu viel mit den Nudeln beschäftigte, mit denen er anfangs etwas verschwenderisch umgegangen war, was das Publikum zu immer neuen Lachern hinriß, während Frau Moeller mit ihrer letzten Strophe absterben mußte. Herr Krause hat bis jetzt den geriebenen Käse für die Nudeln von sich aus bezahlt, weil die Buchhaltung diese Rechnung nicht bezahlen will. Nun wird es ihm zu teuer – in der letzten Vor-

Eine Nacht in Venedig

stellung wurde also ohne Käse gespielt. Herr Peters besteht aber darauf, mit Käse zu spielen. Herr Krause wollte rohen Grieß nehmen, was ich ablehnte, weil ich nicht glaube, daß der Chor rohen Grieß essen würde. Ich bitte um Anweisung, was geschehen soll. *E.v.F.*

30.1.1955. Herr Arnold ist ein geübter Repertoire-Spieler, sämtliche Reaktionen kommen nämlich. Seinen rhythmischen Schmissen begegnen die Dirigenten resignierend. *E.v.F.*

6.2.1955. Zu Beginn der Vorstellung mußte ich feststellen, daß die Temperatur auf der Bühne 20° betrug. Der Heizer berichtete mir, daß 4 Stunden, 20 Minuten lang die Türen zur Bühne aufgestanden hatten (bis 18.20) (Abbau *Zar* und Aufbau *Nacht*). Herr Traumüller hatte sich überzeugt, daß alle Röhren heiß waren. Herr Peters sagte mit Recht, daß es zu kalt sei. Da ich keinen Platz bekam, verbrachte ich diesen Abend ausschließlich hinter der Bühne und konnte keinen Eindruck von der Vorstellung gewinnen. *E.v.F.*

24.2.1955. Die Nachricht, daß der chorfreie Tag wieder ausfallen muß, drückte die Stimmung des Chores von Anfang an beträchtlich. *E.v.F.*

25.2.1955. Herr Guthan hat eine Probe mit Herrn Arnold gemacht und sagte, daß einiges in Ordnung gebracht sei. Ich konnte nichts davon bemerken. Darstellerisch war alles in Ordnung.

Seit zwei Vorstellungen singt Herr de Beer „Zum schönen Strand" kniend in der Gondel, weil sie sich noch unter der Brücke befindet. In der letzten Vorstellung lag es am Lichtzeichen, daß es nicht funktionierte, in dieser Vorstellung war es nicht aufzuklären. Herr Pikosz sagte, es sei kein Grund da.
E.v.F.

22.3.1955. Herr Arnold sagte mir nach dem Schluß der Vorstellung, daß er das Gefühl hätte, es sei die beste seiner bisherigen Vorstellungen gewesen. Ich hatte ihn gefragt, ob er zuviel getrunken hätte.

Jedenfalls habe ich von ihm noch keine Vorstellung gesehen, die mit so viel Operettentenor-Charme ausgestattet war wie diese. Nach seinem Auftrittslied, das darstellerisch zwar eine gewisse Begeisterung zeigte, aber mit der in den Proben angestrebten Intimität nichts zu tun hatte und dementsprechend mit „Tönen" versehen war, bekam er jedoch Applaus – und zwar im Gegensatz zu sonst – sofort einsetzenden, richtigen Applaus. Das wird wohl der Anlaß gewesen sein, daß er mehr als sonst aus sich herausging.
E.v.F.

14.5.1955. Herr Arnold spielte an diesem Abend anders als sonst. Darstellerisch war er durchgehend ein aufregender Herzog, der sichtbar mit seinen Empfindungen rang, wodurch eine merkwürdig reiche Gestik zustande kam.

Dann spielte er einen Verführer Aninas, den – innerlich – brutale Gefühle überkamen, bevor er ihr den Kuß raubte und im Walzer hatte er ein Opfer im Arm, das sich bemühte, den

Eine Nacht in Venedig

Walzer schön zu finden. Das Publikum wurde ganz still.

Im 5. Bild wurde der Moment der Szene: Wer ist nun Barbara? zur Szene eines sich von Gespenstern verfolgt Fühlenden. Das Publikum wurde wieder ganz still. Vielleicht war das gar nicht so schlecht – ich weiß es nicht. Wie ich hörte, hatte er angenommen, daß es seine letzte Vorstellung an der Komischen Oper gewesen sei. Ich weiß es nicht, aber ich will es hoffen! Der „Freß-Chor" war darstellerisch gestört, weil sie das Tempo am Anfang nicht bekamen. Herr Peters hatte eine Bockwurst, die er darstellerisch verzweifelt aufaß. Ich sagte ihm, daß ich nicht glaube, daß der Intendant mit diesem Regieeinfall einverstanden sei. *E.v.F.*

10.6.1955. Das Auftrittslied des Herzogs war nicht so schlecht. Nur hat sich die Zwiesprache mit Venedig und dem Publikum sehr verwischt. Es ist ein Auftrittslied geworden. Er ließ es nicht hinten an der Laterne enden, sondern vorne

Kapitel VII

beim Gondolière – mit einer Abschlußgeste, woraufhin kurzer Applaus einsetzte. Einige „Freilichttöne", wie der Dirigent sagte, kamen auch. Aber es war schon schlimmer. Leider kann ich nicht mehr mit ihm darüber sprechen – er hat es sich verbeten. Brüllenderweise. *E.v.F.*

Eine Nacht in Venedig

Erhellende Hinweise zu den Stückfiguren

Erich **Arnold** – *Herzog von Urbino*
Besinger Venedigs („Sei mir gegrüßt, du holdes Venezia!"), der Frau Barbara nachjagt, den anderen Senatorengattinnen ebenfalls nicht abgeneigt ist und nebenbei noch den begehrten, lukrativen Posten eines Verwalters seiner venezianischen Güter an einen der Herren Senatoren zu vergeben hat, weshalb die sich etwas einfallen lassen müssen, um nicht ihre begehrten Frauen der Jagd nach einem begehrenswerten Job zu opfern.

Waldemar **Arnold** – *Enrico Piselli*
Junger, gutaussehender Neffe des Senators Delacqua, der offenbar befindet, daß seine „Tante Barbara" zu jung und zu schön ist, um an der Seite eines zwar reichen und einflußreichen, aber eben alten Mannes ihren Liebreiz zu vertrauern.

Leo **deBeer** – *Caramello*
Leibbarbier des Herzogs von Urbino; schlüpft in die Rolle eines Gondolières, der dem Herzog die karnevalistische Geliebte zuführen soll, ohne zu ahnen, daß dieses maskierte weibliche Wesen nicht Frau Barbara, sondern seine eigene Angebetete, Annina, ist. Wird dafür am Schluß mit dem vielumworbenen Verwalterposten für den ausgestandenen Schrecken belohnt.

Josef **Burgwinkel** – *Bartolomeo Delacqua*
Einer der ehrwürdigen Senatoren, die – nach bisher gemachten Erfahrungen – in der närrischen Zeit ihre Frauen vor dem Herzog verstecken zu müssen glauben, andererseits aber sehr interessiert am lukrativen Job sind, den der Herzog wie einen Joker in der Tasche bereithält unter dem Motto: tausche für eine Frau für eine Nacht einen lebenslänglichen gut dotierten Verwalterposten. Deshalb kommt der Herr Senator auf die glorreiche Idee, eine andere für seine Gattin Barbara auszugeben und verfällt dabei aber ausgerechnet auf Cibaletta – womit wir zwischenzeitlich drei Barbaras hätten.

Werner **Henning** – *Gondolière*
Auf der internen Besetzungsliste als „Ruderknecht" bezeichnet. Ihm stand das Wasser manchmal buchstäblich bis zum Hals.

Annemarie **Jürgens** – *Annina*
Ein Fischermädchen, das, mas-

Kapitel VII

kiert, vom Herzog mit der Senatorsgattin Barbara Delacqua verwechselt werden soll – ein genialer Einfall der beiden Damen Barbara und Annina.

Malwine **Moeller** – Ciboletta
Zofe von Barbara und Objekt der Begierde des Makkaronikochs Pappacoda. Eben sie wird vom Senator Delacqua engagiert, um sie praktisch als „Ersatzfrau" dem Herzog unterzujubeln. Im Verlauf des Abends hat der Herzog demzufolge statt einer echten Barbara zwei andere Nicht-Barbaras am Halse – wobei alle drei Damen bei dem natürlich unvermeidlichen Zusammentreffen dann auch noch verwirrenderweise einträchtig als Dominos verkleidet sind, nur farblich unterschieden. Das wiederum spielt dann bei der Entdeckung und Demaskierung der Damen durch die einzelnen dazugehörigen Herren eine große Rolle in der reichlich verworrenen Bäumchen-wechsele-dich-Handlung.

Ralph **Peters** – Pappacoda
Makkaronikoch, erfährt innerhalb einer Nacht den Aufstieg zum herzoglichen Leibkoch und darf neben seinen Makkaroni auch Ciboletta als Beiköchin mitnehmen.

Ortrud **Reifarth** – Kokotte
Mischte beim karnevaligen Treiben mit.

Ann-Maria **Sawade** – Barbara Delacqua
Frau des gleichnamigen, schon etwas angealterten Senators und Eroberungsziel des Herzogs von Urbino, weswegen ihr Angetrauter meint, sie während der närrischen Nacht in „Sicherheit" bringen zu müssen. Prompt schlägt sie ihm da natürlich ein Schnippchen, indem sie pikanterweise mit dem Neffen ihres Mannes in dieser venezianischen Nacht per Gondel das Weite und weiteres sucht.

Statt zu singen, mußte er husten
oder
Die Bühne war eiskalt und aus keinem Rohr kam Dampf

Es war nicht die erste Inszenierung, die, von einem anderen Regisseur verantwortet, nach einer Hauptprobe vom Intendanten Felsenstein aus künstlerischen Gründen abgesetzt wurde.

Felsenstein übernahm kurzfristig selbst die Regie der *Schweigsamen Frau* und erarbeitete in acht Wochen eine neue Inszenierung, wobei es laut Probenbuch in den letzten vier Wochen – mit Ausnahme von Heiligabend – keinen einzigen freien Tag gab.

Doch auch für Gastspiele wurde so geprobt wie für eine Premiere. Das ging dann oftmals bis in die Nacht. „Aber", so erinnerte sich der damalige Musikalische Oberleiter, Meinhard von Zallinger, „auch die Sänger haben sich Felsensteins Forderungen stets gebeugt. Es war ein Einzelfall, daß in der Hauptprobe für ein Gastspiel in Prag mit der *Schweigsamen Frau*, die um 16.00 Uhr begonnen hatte, die Protagonistin um 1.30 Uhr nachts an die Rampe trat und in überzeugendem Ton sagte: ‚Herr Felsenstein, jetzt kann ich nicht mehr!'"

Kapitel VIII

Liebe Kolleginnen und Kollegen! 31.12.1954

Wenn ich meine herzlichsten Neujahrswünsche für Sie mit meinem tiefen Dank an die Mitarbeiter der *Schweigsamen Frau* verbinde, so hat das, meine ich, einen sehr berechtigten Zusammenhang.

Die Wünsche und Sorgen, die wir über die Wende in das neue Jahr mit hinübernehmen, sind von unserer Seite aus nur zu beeinflussen durch die Gemeinsamkeit und Zielstrebigkeit unserer Arbeit.

Was in relativ kurzer Zeit die Darsteller, das Orchester, die Kostümabteilung, die Maskenbildnerei, die Beleuchtung, die Werkstätten und die Bühne für diese letzte Premiere geleistet haben, ist so vorbildliche Ensemble-Arbeit, daß es uns für manche bestehenden und bevorstehenden Kämpfe ermutigen darf und soll.

Ich danke Ihnen an dieser Stelle noch einmal und wünsche Ihnen einen ebenso zuversichtlichen wie besinnlichen Jahreswechsel.

Ihr Walter Felsenstein

4.1.1955. Ich fand, daß es eine sehr gute Vorstellung war. Scenisch und darstellerisch. Bis zum Auftritt der Komödianten fand ich, besonders von Herrn Reinmar aus, die ersten Scenen besser als in der vorigen Vorstellung. Weniger von den musikalischen Einsätzen belastet und darstellerisch freier. Auch die Begrüßung Henrys war besser.

E.v.F.

Die schweigsame Frau

27.1.1955. Im Gesamteindruck war es eine Vorstellung, die – besonders im 1. Akt – mit viel Anstrengung, Nervosität und Schmissen durchgeführt wurde. Außerdem waren die drei Hauptdarsteller stimmlich indisponiert.

Einen detaillierten Bericht kann ich leider nicht geben, weil mir selber die Vorstellung immer wieder entglitt. *E.v.F.*

Lieber Herr Reinmar! *3.2.1955*

Anbei meine in unserem Gespräch angekündigten Notizen von der letzten Aufführung:

1. Akt: Für Ihre Haß-Äußerungen gegen Lärm, Glokken etc. gibt es keine obere Grenze hinsichtlich des aggressiven Ausdrucks der sprachlichen Schärfe und Plastik. Ich werde Ihnen das immer wieder sagen, auch wenn ich Ihnen damit auf die Nerven falle, weil es die kontrastierende Vorausset-

Kapitel VIII

zung für die Entwicklung der Figur und der ganzen Handlung ist.

Der Übergang zur Vision in der Kamin-Szene war hervorragend. Das Andante cantabile „Irgendwen zu wissen, für den man da ist" etc. darf noch etwas begehrender und leuchtender sein.

In der Szene mit Henry ist jedesmal der Satz „Genauso entlief ich vor vierzig Jahren vom Gut meines Vaters zur Flotte etc." in seiner verschmitzten Freude hervorragend. Aber das ist zu spät. Sobald Henry gesagt hat „so lief ich davon" muß bereits diese jugendlich ausgelassene Freude über Sie kommen. Sie sind bei den ersten Sätzen „Ha! Liefst davon" etc. immer noch zu finster. Dasselbe gilt für die Sätze „Er bleibt hier. Habt ihr's gehört? Ihm dies Haus, ihm mein Erbe!"

Die Freude und Begeisterung darüber, daß Henry seine „Truppen" mitgebracht hat, ist für einen eingefleischten Admiral und Krieger recht harmlos ausgefallen. Bitte sprechen sie folgende Sätze: „Das deine Truppen? Deine Soldaten? Du willst doch nicht sagen, daß du gleichfalls singst? Doch nicht in publico singst?" Diese Sätze blieben das letztemal nahezu unverständlich. Und so ist die nachfolgende Enttäuschung und Wut der Komödianten kaum zu begreifen. Ich habe auch Zallinger noch einmal gebeten, an diesen Stellen alles wegzunehmen.

Die nachfolgende Beschimpfung Henrys und der Komö-

Die schweigsame Frau

dianten bis zu ihrem Abgang hat nicht wirklich getroffen. Sie wirkte zwar cholerisch, aber nahezu monologisch. Die wahrhafte textliche Aggression hat weitgehend gefehlt.

Seien Sie mir nicht böse, aber ich habe in dieser Szene immer das Gefühl musikalischer Unsicherheit. Und so kommt aus Angst und musikalischer Beschäftigung der wirkliche Angriff und Ausbruch, so wie er Ihrer Persönlichkeit entspricht und wie man ihn nach Ihrer Anlage der Rolle erwartete, nicht zustande.

Die von mir inszenierte Pause nach Ihrem Abgang ist falsch, wenn nicht ein Berserker ein Schlachtfeld hinterlassen hat.

Glauben Sie mir, lieber Herr Reinmar, bei dem Erfolg, den Sie mit dieser Rolle haben, und bei der Bedeutung, die diese Rolle für Sie gewonnen hat, steht es dafür, diese Szene noch einmal so zu studieren, daß Sie vom Dirigentenpult weitgehend unabhängig werden.

Es ist eine lange Epistel geworden.

Vielleicht deshalb, weil ich durch meine Reise nach Paris

morgen nicht da bin. Aber auch, weil ich an den weiteren Ausbau Ihrer großen Leistung, nicht zuletzt im Hinblick auf Paris, denke.

Ich käme mir Ihnen gegenüber unanständig vor, wenn ich weniger und mit geringeren Ansprüchen kritisierte.

Also, nichts für ungut.

Toi-toi-toi und herzliche Grüße

Ihres Walter Felsenstein

Kapitel VIII

Lieber Herr Dicks! *3.2.1955*

Da ich in der letzten Aufführung viel Besuch hatte, konnte ich es Ihnen hinterher nicht sagen, wie besonders konzentriert und plastisch ich Ihre Leistung fand. Wirklich lückenlos durchgeführt und aufgebaut. Im Augenblick meines Abfluges nach Paris fällt mir noch etwas ein: Die ersten Male „Meld' sie mich an" sind textlich manchmal schwer verständlich. Denken Sie bitte daran.

Toi-toi-toi und herzliche Grüße Ihres *Walter Felsenstein*

4.2.1995. Es war eine gute Vorstellung. Von Herrn Reinmar aus viel besser als in der letzten Vorstellung. Die Scene mit Herrn Dicks war sehr gut. *E.v.F.*

Liebe Frau von Frankenberg! *7.2.1955*

Vor meinem Flug nach Paris schrieb ich einen ganz langen Kritikbrief an Herrn Reinmar, telefonierte mit Frau Arnold. Auf dem Flug dachte ich vorwiegend an die *Schweigsame Frau*, noch mehr auf dem Rückflug, währenddessen ja die Vorstellung stattfand.

Die schweigsame Frau

Am nächsten Morgen, Samstag, wußte ich noch nicht, wie die Aufführung war, am Samstag abend immer noch nicht. Und heute, Montag früh, bekomme ich Ihren Vorstellungsbericht. Da ich mir nicht vorstellen kann, daß Sie gleichgültig sind, kann ich das nur mit Gedankenlosigkeit erklären. Die künstlerisch-verwaltungsmäßige Bedeutung des Vorstellungsberichtes, die zwar unerläßlich ist, ist doch minimal gegenüber der Notwendigkeit, daß der Intendant, der in diesem Fall ja alles eher als ein Verwaltungsorgan ist, informiert wird. Wenn ich mich auf mehr zufällige und meistens launische Berichte zufälliger Vorstellungsbesucher verlassen wollte, was ich – wie Sie wissen – geradezu ängstlich vermeide, dann wäre die ganze Angelegenheit kein Problem.

Es würde mich nur interessieren, ob Sie und Ihre Kollegen vom Abenddienst mit derselben inneren Beteiligung die Entwicklung einer Aufführung betrachten. Ich jedenfalls bin in höchstem Maße davon abhängig und halte eine solche Einstellung für eine Voraussetzung der künstlerischen Eignung für diesen Beruf. Bitte betrachten Sie diesen Brief nicht als Rüffel, sondern als eine Anfrage und Verständigung im Interesse dessen, was wir an diesem Hause hier versuchen. Ich wäre Ihnen dankbar, wenn Sie diesen Brief Herrn Herz und Herrn Riha zeigen würden. Wenn Sie mich verstehen, wird Ihnen das nicht unangenehm sein.

Mit den besten Grüßen *Walter Felsenstein*

PS. Zu Ihrer Notiz über die Rücksprache mit Herrn Guthan möchte ich Ihnen sagen, daß ich Ihr Bedürfnis, nachts zu schlafen, keineswegs bedauerlich finde. Aber Sie haben die Möglichkeit, einen Vorstellungsbericht am nächsten Morgen zu diktieren.

Kapitel VIII

📖

23.5.1955. Im 1. Bild konnte Herr Hölzke nur auftreten, indem er sich mit der Gewalt eines Tanks gegen die Tür warf – aber er schaffte es genau. Im 2. Bild fiel, als das Volk abmarschierte, die Gardinenstange mit Vorhang herunter (hatte der Gehilfe des sonstigen Tapezierers festgemacht).   *E.v.F.*

17.2.1956. Frau Walter-Sacks trat nicht auf bei: „Hier – diese beiden ehrsamen Damen". Herr Dicks im Bemühen, die Situation zu überbrücken, sagte: „Ich sprach von zwei Damen, wo ist die andere?" Er ging zur Tür, kehrte zurück und sagte: „Gleich wird sie kommen." Einerseits wurde die Situation damit erst recht deutlich, andererseits gewann man Zeit und Frau Walter-Sacks, die dann auftrat, verlor keinen Einsatz. Ich schreibe das so ausführlich, weil Herr von Zallinger die Bemühung von Herrn Dicks als „Schmiere" bezeichnete. Frau Walter-Sacks war bisher in diesem Akt immer auf der Bühne geblieben und Herr Schumacher hatte sie für diesen Auftritt nie besonders einklingeln müssen. In die-

ser Vorstellung war es ihr zu kalt auf der Bühne gewesen, sie hatte Herrn Schumacher aber nichts gesagt und als er bemerkte, daß sie nicht da war, war es wohl schon zu spät. Dann entstand ein Loch, weil Herr von Zallinger nicht einsetzte bei: „Kennen Sie die Dame?" – Herr Dr. Jungwirth mußte es zweimal sagen.

Die schweigsame Frau

Es waren wenig Zuschauer da, die aber gut mitgingen und sehr guten Applaus gaben.

18.30 Uhr war die Bühne eiskalt und aus keinem Rohr kam Dampf. Auch in Herrn Reinmars Garderobe kam nichts. Nachdem telefoniert worden war, fing es schwach damit an. Konkrete Angaben kann ich nicht machen, das allgemeine Thermometer geht falsch (die Bühne zeigte 18°, Außentemperatur 5°).

Da es von der rechten eisernen Aussentür zog, fragte ich Herrn Brauneisen, ob er nicht einen zweiten Vorhang anbringen lassen könnte. Der 1. Vorhang blähte sich wie ein Segel im Wind. Anscheinend war das nicht möglich, denn es geschah nichts.

diese Bericht ist mit Frau Frankenberg, Zillinger, Pikora, Brauneisen zu besprechen [von Frankenberg]

26.6.1956. Es war die 45. Vorstellung. Im Rückblick läßt sich sagen, daß diese Inszenierung sich nicht nur gehalten, sondern sogar verbessert hat.

Wenn man berücksichtigt, daß diese Aufführung aus Zeitmangel keine wirklichen Wiederholungsproben hatte, sehr früh ohne Intendant lief (der sie jedesmal, wenn er sie sah, absetzen wollte), allein abhängig war von einem Publikum, das – wie gestern – zahlenmäßig entmutigend klein war und nur durch wirkliche Beifallsfreudigkeit – wie gestern auch – nicht jeden Auftrieb absterben ließ, kann man wahrlich behaupten, daß dieses Ensemble seine 45 Aufführungen wakker durchhielt und diese Oper noch immer als gutes, wenn auch kostspieliges Aushängeschild der Komischen Oper gelten dürfte. *E.v.F.*

Kapitel VIII

9.10.1956. In der ersten Aminta-Szene konnte dem Zuschauer kaum die Bedeutung der Szene von Frau Arnold aus klar werden, weil die wachsende Sicherheit, sich in einer Rolle zu befinden, nicht sichtbar wurde. Frau Arnold sagte mir, daß sie das selbst wüßte, daß es ihr aber unmöglich sei, in jeder Vorstellung so einzusteigen wie in der letzten, nach der sie krank nach Hause gekommen sei. *E.v.F.*

Liebe Frau Arnold! *10.10.1956*

Haben Sie in einem Gespräch mit Frau von Frankenberg tatsächlich geäußert, daß Sie als Aminta – Timida nicht jedesmal so einsteigen könnten wie in der vorletzten, von mir besuchten Vorstellung, nach der ich Sie beglückwünschte? Sie wären „krank nach Hause gekommen"?

Ich frage Sie: Kann und soll das anders sein? Hat das Zuhause eine andere Funktion als die eines kurzfristigen Sanatoriums, das einen für die nächstfolgenden Stunden auf der Bühne wieder bereit machen muß? Oder haben Sie das zu Frau von Frankenberg nur gesagt, um sie loszuwerden?

Ich kenne Sie gut genug, um daran zu glauben, daß Sie in einem Bühnendasein, welches im Falle einer „Aminta" und einer „Füchsin" allerdings die Tageskraft eines bürgerlichen Menschen überfordert, Ihr

Die schweigsame Frau

Glück finden. Und Sie kennen mich gut genug, um zu wissen, daß ich auf meine Frage eine Antwort brauche.

Ihr Walter Felsenstein

24.10.1956. Herr von Zallinger beauftragte mich, vor dem 3. Akt den Darstellern anzusagen, daß er verlange, daß sie heruntersehen und auf sein Tempo eingingen. Woraufhin die Darsteller mir antworteten, daß sie dann zu spielen aufhören müßten. Außerdem war man der Meinung, es sei nun wirklich besser, das Stück abzusetzen, da ihre Bemühungen so zu keinem befriedigendem Ergebnis führen könnten. *E.v.F.*

Liebe Kolleginnen und Kollegen! *24.11.1956*

Es ist mir ein aufrichtiges Bedürfnis – und nicht nur eine Höflichkeitsform –, alle an der *Schweigsamen Frau* künstlerisch Beteiligten zu der heute 50. Aufführung zu beglückwünschen.

Denn gerade diese Aufführung hatte seit dem Beginn der Einstudierung ein sehr wechselvolles Schicksal, dessen Gefahren und Nachteile durch ihre konsequenten Bemühungen immer wieder aufgehoben wurden. Und Ihr Einsatz hat sich auch gelohnt, denn unbeschadet eines durchaus nicht breiten Publikumsinteresses hat gerade dieser wiederholte Erfolg – wie Sie wissen – zum Ansehen unseres Hauses entscheidend beigetragen. Bleiben Sie bitte stets dessen eingedenk, daß dieses sowohl vom Libretto wie von der Musik her sehr komplizierte und anspruchsvolle Werk nur durch eine Interpretation von äußerster Plastik, Textdeutlichkeit und menschlicher Wahrheit, durch eine Interpretation, in der weder memorierender Fleiß, noch komödiantische Eselsbrücken am Platze sind, zur Geltung gebracht werden kann.

Mit einem herzlichen Toi-toi-toi für den heutigen Abend und die kommenden Aufführungen

Ihr Walter Felsenstein

24.11.56

Herr Reinmar beschwerte sich über die Cigarette, die von der Requisite in seine Pfeife gestopft wurde. Sie sei so schlecht, dass er – statt zu singen, husten musste.
Die Requisite muss, auf Anweisung von Herrn Kostka, die billigste Cigarette kaufen = 8 Pfennig. Früher hatte Herr Krause 24 Pfennig Cigaretten gekauft, das hat Herr Kostka verboten.
Herr Reinmar nimmt sonst eigene Cigaretten. Er bittet aber für den Fall, in dem er keine zur Hand hat, um eine Cigarette, die ihn nicht am Singen verhindert.

31.1.1957. Wenn das Wagnis, diese schwierige Vorstellung acht Wochen liegen zu lassen und dann ohne Möglichkeit einer Ensembleprobe anzusetzen – mit einem Dirigenten, dem die Überzeugung fehlt, daß das szenische Tempo zum mindesten die Möglichkeit haben muß, auf sein musikalisches Tempo einzusteigen – wenn nach diesen Gegebenheiten das Publikum zum Schluß mit enthusiastischem Beifall und Bravo-Rufen diese Vorstellung quittiert, kann man sich wohl verpflichtet fühlen, einiges in Kauf zu nehmen und trotzdem einige Dankgebete gen Himmel zu schicken.

E.v.F.

Die schweigsame Frau

18.6.1957. Im 2. Akt kam es zu einer Nervenkrise, als Herr Reinmar plötzlich keinen Text hatte, der Dirigent zu früh einsetzte, das Orchester ihn nicht einzuholen vermochte und aufhörte zu spielen, während Herr Bahner ihnen eine neue Ziffer zum neuen Einsatz zurief – viele Orchestermitglieder aber diese Ziffern nicht in ihrem Material hatten und dann nach Gehör einsetzten –, Frau Arnold ohne Musikbegleitung bis zu ihrem Abgang weitersang. Dem Publikum war nicht anzumerken, daß es etwas davon mitbekommen hatte. *E.v.F.*

Kapitel VIII
Erhellende Hinweise zu den Stückfiguren

Irmgard **Arnold** *– Aminta*
Als Sängerin unter dem Künstlernamen Timida bekannt. Zuerst schweigsam, dann singend, sehr laut und oft auch hoch, was den armen lärmanfälligen Admiral Sir Morosus, der sie sich als angeblich ideale, weil stille Frau hat aufspitteln lassen, fast an den Rand der Reling bringt.

Wilhelm-Walther **Dicks** *– Barbier*
Seinem Beruf gemäß eine echte Plaudertasche und Erfinder zahlreicher Ideen, so auch jener, daß sich Sir Morosus infolge seiner Lärmempfindlichkeit doch eine schweigsame Frau (!) zum Ehegespons nehmen solle.

Karl-Friedrich **Hölzke** *– Henry*
Sir Morosus' ziemlich hintermuckscher Neffe. Setzt dem Onkel seine laut musizierende Operntruppe so zusagen wie eine Laus in den Pelz und verschweigt zudem, daß Timida/Aminta seine eigene Frau ist.

Manfred **Jungwirth** *- Vanuzzi*
Direktor der lärmigen Operntruppe und als solcher auch nicht zu beneiden.

Hans **Reinmar** *- Sir Morosus*
Ein Admiral, dem durch eine Pulverexplosion das Gehör lädiert wurde; seitdem empfindlich reagierend auf jegliches Geräusch, das nicht von ihm kommt. Eine Frau muß ins Haus kommen – wegen der Erbschaft; eine schweigsame, wie sie ihm von seinem unerwartet heimkehrenden Neffen Henry präsentiert wird, scheint ihm die Lösung.

Emilie **Walter-Sacks** *– Carlotta*
Mitglied von Henrys ohrensägender Operntruppe.

Der brave Soldat Schwejk **von Robert Kurka**

6.3.1960 - 2.7.1964, 133 Vorstellungen mit 90 775 Besuchern

Regie: Joachim Herz; Ausstattung: Rudolf Heinrich; Musikalische Leitung: Robert Hanell, Karl-Fritz Voigtmann; Abendspielleiter: Reinhard Mieke (R.M.), Augustus Groß (A.G.), Harald Engelmann (H.E.)

Das Publikum freute sich königlich
oder
Herr Soubeyran will künftig selbst bellen

Diese kaum gespielte, nahezu unbekannte Oper nach Hašeks weltberühmtem Roman war sozusagen ein gefundenes Fressen für den gern nach vom gängigen Repertoire abweichenden Werken greifenden Regisseur Joachim Herz, der von 1953 – 1956 als Regisseur an der Komischen Oper engagiert und auch weiterhin als Gastregisseur tätig war. Den *Schwejk* inszenierte er als Gast, nach *Albert Hering* und *Turandot*.

Besonders nach dem 13. August 1961 war der *Schwejk* eine der wenigen Inszenierungen, die – weil ausschließlich mit hauseigenem bzw. „verbliebenem" Personal besetzt – sofort weitergespielt werden konnte. Obwohl Felsenstein der einzige Intendant eines Ostberliner Theaters war, der es durchgesetzt hatte, nicht einen einzigen Westberliner Mitarbeiter entlassen zu müssen, kündigten bzw. brachen etliche als Gäste verpflichtete Sänger ihre Verträge, verließen Mitarbeiter – dem massiven Druck beider Seiten ausgesetzt und in Angst vor der Zukunft – das Theater. Premieren mußten verschoben, neues Personal engagiert, der Spielplan neu aufgebaut werden. Die Komische Oper stand – wie alle anderen Theater auch – nahezu vor der Spielunfähigkeit. So konnten dann auch zu Spielzeitbeginn lediglich vier Werke angesetzt werden, während parallel dazu die Proben zu Wiederaufnahmen in veränderter Besetzung stattfanden.

Kapitel IX

In bezug auf die Besuchersituation spürte die Komische Oper, ein immer gut besuchtes und sehr oft ausverkauftes Theater, nachhaltig nicht nur den Verlust ihres Westberliner Stammpublikums. Ein hauseigener Bericht aus dieser Zeit benennt unverblümt die Gründe: „Die Kassensituation ist zum Teil ganz schlimm. Selbst die *Zauberflöte* ist längst nicht ausverkauft, *Füchslein* geht ganz schlecht, *Othello* miserabel, im *Schwejk* waren kürzlich mit Anrechtlern 240 Personen. Der fehlende Besuch der Westdeutschen, die noch dazu durch die Ruhrepidemie abgeschreckt werden, die Mauer natürlich, dazu die Ruhr im eigenen Lande und der nicht zu unterschätzende passive Widerstand der Menschen. Alle sind völlig lustlos."

Der brave Soldat Schwejk

8.3.1960. Die zweite Vorstellung verlief künstlerisch, d.h., soweit es um die Darsteller usw. ging, sauber und wirklich gut. Dies ist um so höher zu bewerten, als von Beginn der Vorstellung bis zum 16. Bild, und dann wieder von Bild 20 bis zum Schluß der Eindruck vorherrschte, als sei im Parkett und in den Rängen die Eiszeit ausgebrochen: Ein solch teilnahmsloses, passives und beifallsträges Publikum nach dem herrlichen Premierenpublikum war eine Enttäuschung für uns, die wir nicht erwarten konnten. Einen Vorteil hat diese Vorstellung denn doch gehabt: Ein besseres Publikum in den nächsten Vorstellungen (schlechter kann es kaum werden) wird allen Beteiligten beträchtlichen Auftrieb geben.

Leider gab es eine beträchtliche Verzögerung mit der Courtine von Bild 6 zu Bild 7. Ursache: Herr Enders bekam die Socken für das Irrenhaus nicht an. Er war durchgeschwitzt und die weißen Socken waren zu eng und zu lang. Nach dem 14. Bild gab es beinahe Beifall – eine bemerkenswerte Selbstüberwindung des unbegreiflich stupiden Publikums. Bei der Szene mit der Notbremse hatte Herr Enders nicht nur das Publikum, sondern auch die Bremse selbst in der Hand: sie hatte sich von der Stange gelöst (Herr Petrick gestand resignierend: Eisen und Stahl lassen sich eben doch nicht miteinander verschweißen!). Herr Enders machte aus der Not eine Tugend, daß es fast noch

Kapitel IX

Sonderapplaus gab – vielleicht faßte das Publikum die ganze Sache gar als einen geplanten Gag auf, so selbstverständlich reagierte Enders. Herr Petrick hat eine neue Befestigung veranlaßt. Besetzung Hund/Soubeyran: Zur Verbesserung des Bildes 14 hat sich Herr Soubeyran bereit erklärt, das Hundegebell zu studieren und dann künftig selbst zu bellen.*

R.M.

19.3.1960. Eine gute Vorstellung, aber das Ganze ist eben kein Theaterstück, auch kein „episches Theater", sondern nur ein Bilderbogen❖ und hat leider keinen Schluß. Es war ein typisches Sonnabend-Publikum: In Erwartung sich gegenseitig ansteckend, zum Lachen bereit, als Ganzes aber weniger daran interessiert, wie es gemacht wird – und ohne diesen Reiz ist die Substanz des Stückes eben etwas dünn. Die ernsten Stellen kamen dem Publikum überraschend. Wenn der eine Patient im Lazarett vom Schwindsüchtigen sagt „er wird bald abkratzen", gab es noch Lacher, beim Röcheln war dann Ruhe, aber mehr erstaunt als ergriffen, und erst beim Bildschluß (Tod) hatte man gemerkt, daß das Bild ja ernst gemeint ist. Leider gab es wohl wenige im

---

∗ *Ein Quartett mit der Stimme des Hundes: „Arf, Arf!" Der Dirigent Robert Hanell taufte es das „Arftett".*
❖ *Das Stück hat 23 Bilder, 17 solistische bzw. chorsolistische Damenpartien und sage und schreibe 50 ebensolche der Herren bei insgesamt 216 Rollen – weshalb es in diesem letzten Kapitel allein aus Platzgründen nicht möglich ist, die Rollen mit ihren Funktionen einzeln zu erläutern.*

Publikum, die gemerkt haben, was für ein „böses Stück" das als Ganzes ist, und auf wie ernstem Grunde bei Hašek der Humor gedeiht.

Die Oper ist solange gelungen, wie sie Hašek folgt.* Aber auch Hašek selbst hat ja keinen Schluß gefunden und die Frage bleibt durchaus offen, ob er einen gefunden hätte, wenn er nicht vorher gestorben wäre – oder nicht vielleicht auch nur eine Schlußpointe! Josef Schwejk ist durch die Gesellschaft so geworden, wie er ist; ich glaube aber nicht, daß er nun in irgendeiner anderen Gesellschaft als positives und aufbauendes Mitglied zu verwenden wäre. Was er nicht will, hat man erfahren. Was will er denn eigentlich? Ich glaube, er würde antworten: „Meine Ruhe! Und wissen's, da habe ich doch neulich eine Malteserhündin gesehen, vollkommen reinrassig, oder sagen wir, so gut wie reinrassig." Schwejk ist eben weniger ein Mensch als eine Figur des Dichters zur Entlarvung seiner Umwelt. Diese Funktion kann er nur innerhalb dieser Umwelt erfüllen. Wenn er aus ihr heraustritt, tritt er notwendig aus dem Buch oder von der Bühne.

Man kann vom ganzen Stück sagen: „Was ihr nicht wollt, haben wir gesehen – also, was denn nun, was wollt ihr? Glaubt ihr an einen Staat ohne Bürokratie? An ein Militär ohne Drill?" Also könnte in Form eines Epilogs zum Schluß auch das Publikum gefragt werden: „Wie steht ihr dazu? Wie es nicht sein soll, aber war, haben wir gezeigt. Macht

---

Es gibt wohl kein zweites Buch in der Literatur, aus dem eine Eigenschaft seines Haupthelden so zum geflügelten Begriff wurde wie beim sprichwörtlichen „Schwejk'schen Humor". Die Kenntnis des in -zig Sprachen übersetzten, unzähligen Auflagen und hunderttausenden von Exemplaren erschienenen Buches „Der brave Soldat Schwejk" wird somit als bekannt vorausgesetzt.

selbst, was besser ist!" Aber ohne Fanfaren, sondern zweifelnd wie der ursprüngliche Epilog des „Guten Menschen von Sezuan".

Applaus: Das Publikum reagierte vom 1. Bild an sehr lebhaft, trotzdem gab es nur dreimal Szenenapplaus. Zum Schluß gab es nur sechs Hervorrufe, das lag aber daran, daß einesteils die Sänger sehr lange auf sich warten ließen, bis mal einer rauskam, und anderenteils nur noch zufällig vier Überlebende von diesem Theaterabend mit 216 Rollen anwesend waren, um den Beifall entgegenzunehmen. *J. Herz*

Lieber Herr Herz! *25.3.1960*

In aller Eile – ich breche unter dem zeitlichen Rückstand des *Barbier* buchstäblich zusammen – herzlichen Dank für Ihren schönen und ausführlichen Vorstellungsbericht. Auch solche Vorstellungsberichte tragen wesentlich zu dem bei, was Sie Ensemble-Arbeit an der Komischen Oper nennen.

Ich hoffe, daß Sie inzwischen alle *Schwejk*-Kritiken gelesen haben. Ich beglückwünsche Sie aufrichtig dazu und bin überzeugt, daß sie zu der von Ihnen bezweifelten Entwicklung der Aufführungen beitragen werden.

Ich bitte Sie, bei Ihrem nächsten Aufenthalt in Berlin mit Herrn Direktor Motzkat eine vertragliche Vereinbarung für Ihre nächstjährige Inszenierung zu besprechen, die ich grundsätzlich als perfekt betrachte (falls Sie nicht immer noch bereuen, Ihren „Fuß jemals in dieses Haus gesetzt zu haben").

Mit den besten Grüßen *Walter Felsenstein*

Der brave Soldat Schwejk

12.4.1960. Den Solopart des Patienten sang zum erstenmal Herr Köhler. Herr Schiller hatte ihm sehr geschickt die blühende Gesundheit auf dem Gesicht weggeschminkt, so daß er sich recht organisch in den Kreis der Patienten einfügte.

Irgendein anonymer Dummkopf hinter der Bühne äffte Palivec' „Ja" auf Bretschneiders Frage: „Sind Sie verheiratet?" nach. Es werden Maßnahmen getroffen, dergleichen unbegreifliche Unverschämtheiten künftig zu unterbinden.

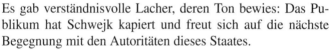

5. Bild [Untersuchungshaft]: So gut wie heute war Schwejks Abgang nie: Es gab verständnisvolle Lacher, deren Ton bewies: Das Publikum hat Schwejk kapiert und freut sich auf die nächste Begegnung mit den Autoritäten dieses Staates.

7. Bild [Irrenanstalt]: Aus dem Publikum hörte man Seufzer und Gestammel des Vergnügens beim Anblick der Szene.

Was den Frühstücksnapf angeht: Herr Soubeyran bedauert, die Beschwerung des Napfes ablehnen zu müssen, da seine Zähne zu empfindlich seien.

Schlußapplaus: Ich bin wirklich ratlos. Der Regisseur fordert aus verständlichen Gründen, daß die Solisten des 2. Aktes zum Applaus da bleiben. Das Publikum scheint für mein Gefühl aber wirklich hauptsächlich nur nach dem Darsteller

Kapitel IX

Brettschneider

des Schwejk zu verlangen. Ich weiß nicht, wie ich unter den gegebenen Umständen eine befriedigende Applausordnung zustande kriegen soll. Als wir in den ersten zwei Vorstellungen die Solisten bis zum Schluß da hatten, erwies sich das als so gut wie überflüssig. Der Applaus war dünn, und die Darsteller mußten das Gefühl haben, sie seien nur noch dazu da, um Applaus zu schinden. Das ist bestimmt nicht nur eine Frage der Bereitschaft oder Trägheit der betreffenden Solisten, sondern in erster Linie die ganz sachliche Frage des episodenhaften Charakters der Oper, der beim Publikum zur Verdrängung der früheren Bilder durch die letzten Szenen führt.

Beim Applaus geht es nicht um Rentabilität, sondern um Demonstration eines Ensembles. (Mieke)

Bei Strauss. Werke Besprechung K.g.

18.4.1960. Das Publikum applaudierte auf offener Szene beim ersten „Grüß' Gott!" *R.M.*

23.4.1960. Durch Zufall erfuhr ich, daß seit einem Jahr die Vorstellungsberichte zur Einsicht für die Mitglieder ausliegen. Es wäre schön, wenn man als Schreiber von Vorstellungsberichten von dieser Neuerung gelegentlich eine Mitteilung bekommen hätte ...

Der brave Soldat Schwejk

Vorstellung ausverkauft, sowjetische Delegation. Publikum sehr zurückhaltend, aber interessiert und mit positiven Vorzeichen kritisch abschätzend.

Kostüm: Ich war in großer Sorge, daß der Hund seinen Schwanz verliert.

Ungnad: Ausgezeichnet, wie sie mit dem Rückenmark ihren Satz spricht.

Baumgartner: Der Ohrenschützer seiner Mütze hatte sich verheddert, es dauerte lange, bis er sie wieder in Ordnung gebracht hatte und aufsetzen konnte. Er spielte das grandios aus, völlig in der Rolle – trotz immer neuer Verhedderung. Zornig, dienstlich quasi mit der Mütze schnauzend, während er sonst alle zusammendonnert, scheitert er an diesem lächerlichen Requisit. Großartig. Beibehalten ist aber wohl gefährlich? Rief mit Recht den ersten Applaus hervor. Bitte um Entscheidung bei der Applausordnung! *J.H.*

15.5.1960. Unter den Solisten herrschte zwar bei denjenigen, die von der neuen Applausordnung betroffen waren, Aufsässigkeit in bezug auf die Anordnung, bis zum Schluß der Vorstellung zu warten, aber künstlerisch wirkte sich diese Stimmung offenbar nicht aus. Allerdings wurde diese Applausordnung von praktisch allen Solisten (außer von denen, die in den letzten zwei Bildern auftreten) boykottiert.

Alle Applaus-Verweigerer wenden ein, daß das Publikum kein Interesse hätte, Darsteller zu sehen, die vor x Bildern aufgetreten seien und die es nicht einmal mehr wiedererkennen würde, da zu viele andere Eindrücke dazwischen lägen.

Kapitel IX

Meine persönliche Stellung zu dieser Frage: Wenn die fehlenden Solisten dagewesen wären, hätten sie keine Möglichkeit gehabt, ihre Anwesenheit als überflüssig zu empfinden, obwohl die Vorstellung unter einem ausgesprochen beifallsunfreudigen Publikum litt.

Die Reaktion der Solisten auf die neue Applausordnung hat gezeigt, daß sie mit den gewöhnlichen Mitteln nicht durchzusetzen ist, obwohl ich in einem Begleitschreiben an sämtliche Mitglieder ausdrücklich die Autorität des Intendanten angerufen hatte. Ich bitte die Intendanz um Besprechung der entstandenen Situation.

Bild 2a: Herr Engelmann spielte das erstemal den Hund. Er war großartig in der Beobachtung des Verhaltens von Hunden. Es stand von vornherein außer Zweifel, daß die Wirkung des Auftritts nicht unwesentlich auf dem originalen Gebell des Hunde-Darstellers beruhen würde. Herr Engelmann bellte so genau und ausdrucksvoll, daß es eine Lust war.

Bild 13a: Obwohl Herr Engelmann sich beim Seitenwechsel von rechts nach links in der Hundeleine verfing und dadurch eine kritische Situation einzutreten drohte, spielte er die Szene souverän zu Ende. Wenn Schwejk die Hundeleine abmacht, hat er nie viel Zeit und er muß sich immer sehr beeilen, um die Leine in der Bodenplatte einzuhaken. Durch die o.g. Verwicklung kam er nicht an den Haken am Halsband heran. Herr Engelmann hob elegant das linke Vorderbein über die Leine hinweg (wie man es öfter bei Hunden sieht, wenn ihnen die Leine zwischen die Beine geraten ist) und rettete dadurch nicht allein die Situation, sondern kassierte Sonderlacher dafür. Er ist wirklich ein gewitzter Pantomime mit Grips und Sinn für die Bühne.

Zum Boykott der Applausordnung durch einige Solisten: der Intendant hat bereits zugesagt, diesen auf einer Solistenversammlung zu untersuchen und zu ahnden. Bereits zur nächsten *Schwejk*-Vorstellung wird den beteiligten Mitgliedern eine persönliche Aufforderung des Intendanten zugeleitet werden, unabhängig vom Ausgang einer solchen Versammlung den Applaus in der vorgesehenen Ordnung entgegenzunehmen.

Publikum: unpoetisch bis dorthinaus! *R.M.*

18.5.1960. Herr Asmus, der immer schon sagte, daß er bereits an den ersten Reaktionen des Publikums auf seinen Prolog ablesen könne, wie dieses Publikum beschaffen sei, behielt recht. Er badete sich mit Wohlgefühl in der Atmosphäre dieses verständnisvollen, humorbegabten Publikums – einer der besten Prologe überhaupt.

Bild 16a: Als in der letzten Vorstellung der Schwejk-Marsch nach Debreczin ohne Applaus blieb, dachte ich, die Welt ginge aus den Fugen. Heute applaudierten die Leute dafür doppelt begeistert ...

Bild 19a/Bühne: Kákony-Tür war

Kapitel IX

auf, als Asmus klopfte – er schloß sie vorher und es gab Lacher, aber er mußte es tun, sonst wäre die ganze Szene geschmissen gewesen.

Schluß-Applaus: herzlich, aber kurz. Herr Nocker, der zum erstenmal am Pausen-Applaus teilnahm (er war sonst immer schon nach Hause gegangen), hatte das Pech, umsonst dageblieben zu sein. Der an alle Solisten im *Schwejk* gerichtete Brief des Intendanten nach dem Boykott der Applausordnung in der letzten Vorstellung hat gewirkt. Es fehlte niemand mehr zum Schluß-Applaus. Eine sehr muntere Vorstellung mit einem sehr munteren Publikum.   *R.M.*

14.6.1960. Die 14. Vorstellung des *Schwejk* stand unter einem ungünstigen Stern: fast vier Wochen waren seit der 13. Aufführung vergangen, aber schlimmer war, daß die Technik bei der Einrichtung der Vorstellung am Nachmittag vollständig versagt hatte.

Der brave Soldat Schwejk

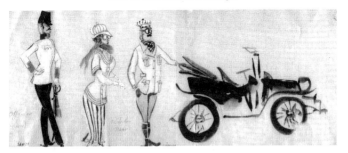

1. Bild/Technik: Auftritt Auto zu spät und parallel zum Zaun, so daß es gegen die linke Laterne fuhr.

15. Bild: Nach Schwejks Abgang fiel die Tür um, d.h. die Strebe hatte sich gelöst. Und wenn Herr Kreyssig nicht geistesgegenwärtig die Tür mit Leibeskräften an der Klinke festgehalten hätte, wäre sie umgefallen. Ein peinlicher Augenblick, der vom Publikum mit Gelächter quittiert wurde.

Aus mir bis jetzt nicht bekannten Gründen verzögerten sich der Aufbau und die Einleuchtung bis kurz vor 19.00 Uhr, so daß der Einlaß mit einer $^1/_2$ Stunde und die Vorstellung mit etwa 10 Minuten Verspätung begann.

Herr Petrick vertrat gegenüber dem Inspizienten den Standpunkt, daß die technische Panne mit dem Aufbau und dem Ausfall der Proben nicht so schlimm sei, da die Vorstellung ja nur acht Minuten zu spät angefangen habe. Schlußbemerkung: Das Versagen der Technik, das sich auch künstlerisch ausgewirkt hat, war so ungeheuerlich, daß ich die Intendanz bitten muß, diesen Fall sehr ernsthaft zu untersuchen. Die ausgefallenen Proben müssen trotz der äußerst angespannten Beschäftigungssituation auf jeden Fall nachgeholt werden.

R.M.

Kapitel IX

Lieber Herr Petrick! *26.6.1960*

[...] Selbstverständlich ist der Intendant dazu da, um überall dort einzugreifen, wo seine leitenden Mitarbeiter trotz größter Bemühungen nicht weiterkommen. Aber haben meine leitenden Mitarbeiter in der Frage des Umbaues, der Entlüftung und vieler anderer dringend aktueller Fragen wirklich alles getan, was nur möglich ist? Ein Direktor degradiert sich doch selbst zu einem subalternen Angestellten, wenn er in den Belangen seines Ressorts nicht so initiativ und unnachgiebig ist, um bei den zuständigen Stellen die erforderliche Wirkung zu erzielen.

Was Ihre Aktennotiz vom 25. dieses Monats betreffs *Schwejk*-Vorstellung am 14. Juni betrifft, so müssen Sie entweder in der Lage sein, den Theatermeister Brenneisen so zu befähigen, daß er die Kollegen richtig anleitet und einweist, oder Sie müssen dafür eintreten, daß aus seiner Unfähigkeit die Konsequenzen gezogen werden. Ich sage Ihnen das ohne jede Bösartigkeit. Aber ich muß es einmal aussprechen, weil es mir in allen Dingen so geht und weil diese Sorgen meine künstlerische Arbeit völlig ersticken.

Mit den besten Grüßen *Walter Felsenstein*

29.6.1960. Technik: Nachdem der erste Verhaftete die Hintertreppe hinabgestiegen war, wurde diese von einem Bühnenhandwerker völlig unmotiviert weggezogen, so daß der folgende Verhaftete beinahe ins Leere trat und von der Oberbühne herabgestürzt wäre.

Der brave Soldat Schwejk

15. Bild/Kreyssig: bekam sein Gehänge mit Säbel nicht ab.

Technik/Requ.: Das Bett stand falsch. Mitten während des Bildes fiel eine Flasche von der Oberbühne herunter und Frau Armgart beinahe auf ihren Kopf.
16. Bild (Eisenbahnbrücke und Eisenbahnzug): Als Herr Enders den ersten Koffer fallen lassen wollte, hakte der sich an seinem Uniformrock fest. Er verlor dadurch den zweiten Koffer zuerst und das Publikum hatte den Eindruck einer überaus virtuos gespielten Panik. In Wirklichkeit litt der arme Enders Höllenqualen, weil er Angst hatte, daß alles schief gehen würde. Der erste Fehler zog den zweiten nach sich. Nachdem er die beiden Koffer glücklich los war, stellte sich heraus, daß sich der Gewehrriemen inzwischen an seiner Uniform festgehakt hatte. Unten angekommen, riß bei dem Versuch, das Gewehr abzunehmen, der Riemen, und es gab eine beträchtliche Verzögerung, bis er alles Gepäck im Zug verstaut hatte und aufsteigen konnte. Vorher stach er sich den Gewehrlauf noch ins Gesicht. Das Publikum freute sich königlich, aber Enders kam beinahe um vor Höllenqualen – es war wirklich eine sehr ernste Situation. Das Publikum jedoch hatte, wie ich anschließend hören konnte, nichts gemerkt und faßte alles als Spiel auf. Nervös geworden und fast verzweifelt, mißlang Enders zu guter Letzt das Aufsteigen auf den Zug: er fiel vom Trittbrett, sprang aber mit erhöhtem Lauftempo wieder rauf, und die Situation war gerettet.

Kapitel IX

Die Reisenden Zweiter Classe

Während der ersten Hälfte der Szene im Zug benutzte Enders geschickt jede Gelegenheit, um den Riemen seines Gewehrs wieder anzuknüpfen. Es gelang ihm, und der „Schwejk-Marsch" war damit gerettet. Durch die so entstandene Verkürzung des Gewehrriemens verlor er zu allem Überfluß beim Schultern des Gewehrs während des Marsches aber die Blume aus dem Lauf. Er merkte es erst, als er am Ende seines Marsches sich eben zum Schlafen hinsetzen wollte. Da die Blume ganz vorne lag, entdeckte er sie früh genug, um mit viel Humor hinzugehen und sie aufzulesen. Dann ging er zurück, setzte sich auf die Treppe und der Dirigent brachte den „Schlußrülpser".

Daß Herrn Enders Schwejk eine großartige künstlerische Leistung ist, weiß jedes Kind. Wie er aber mit dieser teuflischen Kettenreaktion von Unglücksfällen fertig wurde, wie er sie kaschierte und in das Spiel einbezog, das war genial und verdient höchste Anerkennung. *R.M.*

12.7.1960. Kostümabteilung: Für die neue Spielzeit Hundekostüm erneuern: Haken für das Futteral – Kopf hat sich geweitet, Füße sind ausgeleiert, das Fell hat stark gelitten. Bei den uniformierten Inszenierungsbeamten vermißte ich die Gamaschen – sie trugen augenscheinlich irgendwelche privaten Ringelsocken.

Dekoration: Der Vorhang flog nebst Stange gegen Schluß des Bildes herunter und Herrn Enders ins Gesicht – leichte Platzwunde über dem Auge.

Technik: Daß die Tür vom Offiziersquartier gut abgesichert ist, damit sie nicht mehr umfällt, ist ja sehr schön. Aber ob deshalb ein Bühnenbohrer mit großem Holzgriff an der linken vorderen Strebe weithin sichtbar sein muß, das möchte ich bezweifeln. Wie überhaupt zu bemerken ist, daß diese überraschend angesetzte Vorstellung den Eindruck verstärkte, daß es der Technik seit letzter Zeit an der sonst lobenswerten Gewissenhaftigkeit und Präzision zu mangeln beginnt.

Zum zweiten Male verloren die Inszenierungsbeamten Zeit beim Einsetzen der Tür zu Bild 15. Sie müssen das Einsetzen der Tür wahrscheinlich vor der Vorstellung einmal probieren – offenbar neue Leute! *R.M.*

Aktennotiz *27.8.1960*
Herrn Dir. Motzkat, Frau Reichle (Personalabt.), z.d.A.

Fast täglich gehen Meldungen der Personalabteilung ein über Personalzugänge und Personalabgänge. Als Begründung für letztere wird in den meisten Fällen „finanzielle Verbesserung" genannt. Finanzielle Verbesserung in der Produktionsgenossenschaft, finanzielle Verbesserung in einem anderen Betrieb etc.

Wann entschließen sich die Berliner Verwaltungsdirektoren endlich einmal, auf der geeigneten Ebene unmißverständlich und vor allem unnachgiebig feststellen zu lassen,

Kapitel IX

welchen Rang eigentlich die Kultur-Institute bei der Errechnung von Tarifen einnehmen.

Ich persönlich stelle die Frage seit vielen Jahren, freilich an taube Ohren.

Wir befinden uns aus diesem Grunde nicht vor, sondern bereits inmitten des Zusammenbruchs der Personal-Qualität in den Theatern. *Felsenstein*

6.9.1960. Technik: Explosionsartiger Krach kurz vor Ende des Bildes auf der Unterbühne. Wie sich herausstellte, war unten die Eisentür des 3. Bildes umgefallen, und zwar auf

die Theke – also in der ganzen Länge. Erklärung: die Zuleitung zum Ventilator führt nach links hinter die Bühne. Jemand war darüber gestolpert, so daß die Tür an den dafür vorgesehenen Rastern unter der Oberbühne nicht einrastete. Die Techniker hatten gerade noch Zeit, die Tür wieder aufzurichten, als schon die Courtine hochging. Glücklicherweise war einer der Techniker geistesgegenwärtig genug, durch den schmalen Spalt zwischen der Vorderkante der Oberbühne und der Courtine die Tür von oben während des ganzen 3. Bildes festzuhalten, so daß das Publikum nichts merkt. Dieser Vorfall gibt erneut Veranlas-

sung, die Technik auf die Lebensgefährlichkeit des Stückes hinzuweisen und immer wieder Vorsorge zu treffen, daß solche Unglücksfälle vermieden werden. Glücklicherweise kam niemand zu Schaden, auch Herr Nocker nicht, der unter der hinfallenden Tür gestanden hatte.

Publikum: ging fast leidenschaftlich mit. Es gab zwei Gruppen. Die eine wieherte vor Freude über den Realismus der Darstellung, die andere knurrte vor Wut, vielleicht, weil sie sich angesprochen fühlte. *R.M.*

19.9.1960. Umbesetzt wurde die Partie der Frau Müller. Die Wahl fiel nach musikalischem Test auf Frau Döhle. Sie bekam ausreichend Proben. Leider enttäuschte Frau Döhle in der Vorstellung. Neben Textschmissen vergaß sie auch zahlreiche Regieanweisungen. Hoffentlich überwindet sie bis zur nächsten Vorstellung ihre mangelnde Übung. „Er war weg, gleich auf dem Fleck" – daraus machte Frau Döhle: „Er war gleich tot auf der Stell". Aber Enders ließ sich nicht aus der Ruhe bringen. *R.M.*

22.9.1960. Ich will Frau Döhle keineswegs zu nahe treten – ich darf bemerken, daß sie sehr fleißig und mit größter Freude und Liebe auf den Proben gearbeitet hat. Man darf ihr ihre Nervosität und Überspannung mit gutem Grund zugute halten nach zweijährigem Aussetzen jeglicher Bühnentätigkeit und bei einer Frau von 62 Jahren, aber es erfüllt mich die allergrößte Sorge um die künftigen Aufführungen.

Kapitel IX

Ich habe heute die Freude, mitteilen zu können, daß diese Vorstellung mit insgesamt 2 Stunden und 43 Minuten Dauer den bisher absoluten Kürze-Rekord erreicht hat. Wichtig dabei ist, daß der Zeitgewinn nicht aus Abstrichen von der Szene herrührt, sondern einzig und allein aus der Verbesserung des technischen Ablaufs. Das ist wirklich eine hervorragende Leistung, zu der wir die Technik aufrichtig beglückwünschen dürfen.

mit Premierengrüßen Döhle mitgeteilt
+ w. d. ch. Harry Wisniski
Technik danken

(Micke)

3.10.1960. Frau Döhle/Text: „Er war weg, gleich auf dem Fleck", dafür Text: „Er war weg, schnell auf der Stell".

Publikum: Nach „Na, wie wär's mit einem Lied?" gabs auf dem 2. Rang einen hundsföttisch gemeinen Nieser. Das ganze Publikum platzte mit einem Riesenlacher heraus – ausgerechnet in dem Augenblick, wo Schwejk ernst wird und der Song einsetzt. Enders kämpfte um sein Leben, und es gelang ihm, die Leute zu kriegen.   *R.M.*

18.10.1960. Frau Döhle: Textverdrehung bei „Es geschah, als er spazieren fuhr im Auto". Sie sang: „Es geschah, als er im Auto fuhr zu Hause".   *R.M.*

19.10.1960. Frau Döhle/Text – ob sie es wohl jemals lernen wird? Sonst aber ganz akzeptabel, es scheint langsam mit ihr zu werden.   *R.M.*

Der brave Soldat Schwejk

21.10.1960. Frau Döhle: Fehlerfrei. Glückwunsch!

Herr Sandner: Seine Monokel-Brille zerschellte an Schwejks Hals durch dessen temperamentvolle Umarmung. Als er nach ihr griff, um sie aufzusetzen, fand er sie nicht. Eine so saudumme Fresse, wie er da machte, ist kaum noch zu überbieten. Herrlich! Schade, daß solche Dinge einmalig bleiben müssen. *R.M.*

30.10.1960. Der Abend verlief überaus erfreulich und befriedigend, weil er von einem starken komödiantischen Schwung getragen war, der seine Impulse aus einem wundervollen Publikum empfing. Es waren u.a. 250 Angehörige eines Betriebes. Ich habe selten eine so gesunde und zugleich verständnisvolle Freude im Parkett bemerkt wie heute. Daß es sogar zu Applaus an ganz neuen Stellen kam, beweist, daß das Publikum bei der Sache war. Sein Mitgehen, Sinn für Humor und den Ernst dieser Komödie inspirierten die Bühne. Spontaner Applaus nach „Grüß Gott!"

Sandner: Als er von dem Irren weg gegen den Grammophontisch fiel, purzelte die Schallplatte aus dem Apparat heraus. Weil das Tonband selbstverständlich trotzdem weiterspielte, amüsierte sich das Publikum köstlich.

Hackel: Röchelte so prägnant und rhythmisch, daß das Publikum erschrocken innehielt. Engelmann: Sein Hund ist nach wie vor brillant und echt hündisch.

Kapitel IX

Enders: Ein Koffer fiel ins Orchester und blieb im Netz hängen. Die Musiker drückten von unten dagegen, so daß Enders das Gepäckstück wieder raufangeln konnte. Solche Extempores, die aus Pannen entstehen, sind – wenn man auch vorher nie weiß, wie sie ausgehen – manchmal sehr hübsch. Es ist wirklich schwer zu sagen, was in diesem Stück erlaubt und was nicht erlaubt ist. R.M.

4.11.1960. Ich bin – wenn nicht verzweifelt – mindestens ebenso wütend wie ratlos: nach unseren großen Anstrengungen und umfangreichen Maßnahmen zur Verbesserung der Disziplin während der Vorstellung hinter der Bühne, hat es gerade eine Vorstellung gegeben – am 30. Oktober – über die wir uns angesichts des vermeintlichen Erfolgs hätten freuen dürfen. Heute war wieder nur die Hälfte von dem übrig, was wir neulich erreicht hatten. Einzig und allein das technische Personal scheint sich konsequent an die erteilten Anweisungen gehalten zu haben. Ich weiß im Augenblick nicht, was in dieser Sache zu unternehmen ist. Aber ich bin um keinen Preis gewillt, nachzugeben. Ich denke nicht daran, mich einem Mißstand zu fügen, der so sehr die Qualität tangiert, zumal es sich hier wirklich um den Willen aller Beteiligten handelt ...

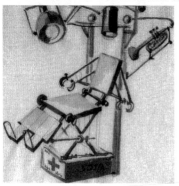

6. Bild: Die Fußstütze vom Krankenstuhl fiel auf „starb" (musikalisch passend) runter – Lacher.

Ich bemerkte heute zum erstenmal, daß Herr Sommerfeldt (ich glaube wenigstens, daß er es war) den Rock der Ungnad recht verwegen anfaßte und – lüftete. Ich kann mich nicht erinnern, daß diese darstellerische Extratour inszeniert worden ist. *R.M.*

6.11.1960. Publikum: war bestens vorbereitet auf das Irrenhaus. Als der Ballon platzte, waren nicht nur die Irren oben, sondern auch die Leute unten schockiert.

7. Bild: Enders war wie ein Gott.

Publikum: Beim Auftritt des „Kaisers"* klatschte es – wenn auch keinen Beifall – so doch vor Vergnügen in die Hände. *R.M.*

8.11.1960. Die Aufführung war gut. Das nicht übertrieben zahlreich erschienene Publikum reagierte freundlich. Wenn das Stück mit der notwendigen Schärfe gebracht wird, ist es politisch von Nutzen und sogar notwendig (ich hörte vom Tonband Reden der Verflossenen des drittletzten Reiches – wenn man dazu die derzeitige Lage bedenkt, kann einem bei diesem Stück schon unheimlich werden).

Was die von den Darstellern inzwischen neu eingebauten Gags betrifft, so bin ich in einer dummen Lage: Man soll dem Ochsen, der da drischt, das Maul nicht verbinden – ich kann nicht verlangen, daß Kollegen über dreißigmal *Schwejk* mit Laune spielen und sich dabei jeden neuen Einfall verkneifen oder erst schriftlich die Lizenz einholen, nachdem das Regiekollegium selbst bis zur Generalprobe Steinchen

---
* *Ein Irrer, der den Kaiser spielt*

Kapitel IX

auf Steinchen und Witzchen auf Witzchen gefügt hat. Auf der anderen Seite wird durch die neu eingefügten Gags leider eine gewisse Neigung zum Militärschwank begünstigt, die tödlich werden kann.

Es macht sich eine Neigung bemerkbar, Ulk zu bieten und sich lustig zu machen, die auf gar keinen Fall um sich greifen darf. Dies gilt besonders z.B. für die Rekruten bei der Einkleidung. Die spielen leider bereits konsequent den Militärschwank, es fehlt das unheimliche Gefühl in der Magengrube, mit dem Umsteigen aus den zivilen in die Uniform-Hosen jetzt einer fremden, brutalen, ja tödlichen Gesetzlichkeit ausgeliefert zu werden, mit Tendenzen, nach rückwärts auszubrechen (krankmelden!) und nach der Zukunft sich abzusichern durch vorschriftsmäßiges Betragen. Es wird nur noch das harmlos Ulkige nicht passender Militärklamotten gezeigt. Der bedepperte Schlußeffekt, wenn das „Zivilleben" in die Lüfte entschwebt, wird durch Groteskhaltungen ersetzt. Dabei hat die Situation doch jeder erlebt: Vernünftige Bürger, die sich eigentlich alle einig sind, sich aber gleichwohl nicht getrauen, daraus Konsequenzen zu ziehen, werden ummontiert und kriechen binnen kurzem als Idioten durch den Dreck. Vielleicht sollte man dem ganzen Ensemble vor einer der nächsten Vorstellungen das Tonband mit den Nazikriegsreden mal vorführen?

Das Publikum amüsierte sich, auch laut und anhaltend, zeigte sich zum Szenenapplaus jedoch nicht geneigt. Der

Der brave Soldat Schwejk

erste Standardapplaus nach dem Besteigen des Eisenbahnzuges durch Enders war nicht spontan, sondern wurde von jemandem eröffnet – vielleicht war es die Dame, die zum 30. Mal im *Schwejk* saß?

Der zweite Applaus nach der Notbremse war schon überzeugender und der Applaus beim Marsch demonstrativ und herzlich. Ich weiß nicht, ob es eine geschlossene Vorstellung für die Antiklerikalen war, aber bei der Predigt hat sich das Publikum besonders amüsiert und manche hat es bald zerrupft. *Joachim Herz*

13.11.1960. Vor einem fast ausverkauften Haus begab sich das Ereignis dieser Vorstellung, die zu den besten zählt, die wir bisher hatten. Sowohl auf der Bühne als auch im Saal herrschten Hoch-

Kapitel IX

spannung und echte Theaterstimmung. Das Publikum begriff alles, klatschte überall, wo es überhaupt nur ging, ohne dabei die Darsteller im Sinne unkünstlerischer Übertreibungen anzustacheln.

Herr Enders/Publikum: Applaus für Schwejks Song. Er war wirklich wundervoll, aber das ist er öfter: das heutige Publikum war schlechthin großartig.

13. Bild: Herr Enders ergreifend, wenn der Kurat ihn an Lukasch verschachern will. Das ist einer der ganz kleinen leisen, großen Augenblicke Schwejks, von denen es ja so viele im Stück gibt und die den Maßstab für die ganze Figur setzen. Das Publikum applaudierte bereits demonstrativ in dem Augenblick, in dem Enders das Gewehr an den Baum hängt. Bravo, liebes Publikum! *R.M.*

22.11.1960. In einem meiner Vorstellungsberichte hatte ich Herrn Enders einmal unter die Götter auf der Bühne gerechnet. Heute abend habe ich erlebt, daß auch Götter sterblich sind.

Requisite: Wieder platzte der Ballon nicht richtig, sondern riß ab. Herr Sorgalla stellte fest, daß aus unbekannten Gründen die Nägel oben entfernt worden waren. Herrn Enders flog der abgerissene Ballonrest wie eine gebratenen Taube ins Maul und er spielte die Sache (dezent) aus. *R.M.*

18.12.1960. Mönch/Baumgartner: Herr Mönch war in der Abmarsch-Szene in seinen Handlungen den Kommandos Baumgartners um ein Kommando voraus: Während die Rekruten ihre Gewehre schulterten, stand Herr Mönch mit der Kehrtwendung bereits mit dem Blick nach rechts. Das Publikum wollte sich ausschütten vor Wonne über den entgeisterten Feldwebel, der keine Worte fand und nur noch (echt!) stöhnend brummen konnte. (Dieser Zufall wird, so zauberhaft echt er war, nicht wiederholt!) *R.M.*

29.12.1960. Publikum/16. Bild: Schwejks Einsteigen bekam den ersten Szenen-Applaus des Abends. Er wurde begonnen von jener Besucherin im 2. Rang vorn rechts, die etwa zum 40. Male in der Vorstellung war. *R.M.*

22.1.1961. 10. Bild/Thomas: Es war schon einmal kritisiert worden, daß er es sich herausnahm, im Augenblick des Aufgehens der Courtine gerade seine Hosen hochzuziehen, so daß seine Unterhosen noch sichtbar waren. Heute passierte das gleiche. Daß Herr Thomas dazu neigt, sich als Komiker zu betätigen, ist ja nicht unbekannt und er hat anscheinend sogar eine ausgesprochen echte Begabung dazu.

Aber ebenso klar ist, daß diese Äußerungsform seines komischen Talents genau jener Tendenz entspricht, die Herr Herz seinerzeit als Gefahr des Abrutschens in die Militärposse bezeichnete und völlig zu Recht nachdrücklich kritisierte. Das darf auf keinen Fall wieder passieren. *R.M.*

Kapitel IX

2.2.1961. Bild 13a/Hanell, Reinmar: Es war vereinbart worden, daß das Orchester dem Zillergut auf die Frage „Haben Sie nicht meinen Hund gesehen?" eins bläst, aber nicht spricht. *R.M.*

4.2.1961. Die Presse hatte gerade noch eine Notiz bringen können, daß der *Schwejk* heute zum 50. Male gegeben würde. Ob es daran lag oder ein glücklicher Zufall war, jedenfalls war das Publikum (ausverkauft) einmalig gut.

Verständige Reaktionen, lebhaftes Mitgehen, temperamentvolle „Kommentare" und herzlichen Beifall, auch auf offener Szene, haben wir oft. Das, was sich heute in der Komischen Oper abspielte, war unwiederholbar in der Mischung aus Enthusiasmus, ernstem Verstehen und heißblütigem Mitgehen, begeistertem Applaus und überhaupt allgemeiner Hochstimmung, und zwar vom ersten Wort des Prologs ab bis zum letzten Fortissimo des Orchesters im Finale.

Ich bin sehr glücklich, daß trotz der widrigen Umstände, mit denen durch seinen häufigen Einsatz für ausgefallene Vorstellungen der *Schwejk* zu kämpfen hat, eine solche 50. Aufführung zustande kam. *R.M.*

7.10.1961 (Wiederaufnahme/Tag der Republik) Sehr gute Vorstellung vor gut besuchtem Haus. Das Publikum, mit zahlreichen Gästen auch aus dem westlichen Ausland, ging prächtig mit und verstand durchaus den tieferen Sinn des Stückes. Es bestand ein idealer Schwebezustand zwischen

Der brave Soldat Schwejk

Lachen und Verständnis für den Ernst der gegenwärtigen Parallelen. Herr Enders bot seine beiden Songs so wie noch nie. Schon bei der Hauptprobe war uns die bestürzende Aktualität bewußt geworden, und es ist erfreulich, daß das Publikum sich zu dieser Aktualität bekennt, ohne sich dadurch die Lust am Spaß verderben zu lassen. Ein notwendiges Stück. *Joachim Herz*

21.10.1961. 16. Bild/ Enders: Ein Haken des Tornisters riß ab, so daß Enders große Mühe hatte, das ganze Gepäck zu schleppen. Ein Koffer fiel zwischen Laufsteg und Orchesterbrüstung in den Orchesterraum. Enders legte sich auf den Steg, schaute dem Koffer nach und erwartete wohl, daß ihn jemand hochreicht. Dann richtete er sich zur Meldung an seinen Oberleutnant auf und man vernahm: „Melde gehorsamst, ein Koffer gestohlen, einer verlorengegangen!" Daraufhin löste sich der Schreck der Zuschauer in ein befreiendes Lachen und Schwejk wurde bei der Gepäckübergabe starker Beifall gespendet. *A.G.*

4.11.1961. 6. Bild: Ich hielt mich auf der Bühne auf und hörte die unpräzisen Einsätze der Psychiater und nach Schwejks Auftritt war der Dialog mit Lachern vermischt. In der Pause ging ich der Ursache auf den Grund und erfuhr, daß Herr Burgwinkel durch private Texteinlagen seine Kollegen zum Lachen zwingt. Sein Verhalten ist mir völlig unverständlich und ich bitte um eine Maßnahme der Intendanz. Bild 13a/Orchester: Auf die

Kapitel IX

Frage Rösslers an das Orchester, ob niemand seinen Hund gesehen habe, kam als Antwort im Sprechchor: "Der hat verschlafen!" – als Anspielung auf die Vorstellungsverspätung. Der Dirigent hat mit den Herren wegen dieser Disziplinlosigkeit gesprochen.

> Ich bin über Umfang und Art der
> Disziplinlosigkeiten entsetzt und
> muß ihnen grundsätzliche Bedeutung
> beimessen. Burgwinkel mache ich
> an, im Orchester bitte ich ihn
> Namens nennen

12.11.1961. Nach den kritischen Bemerkungen, die ich nach der letzten Aufführung über Herrn Burgwinkel machen mußte, ist es erfreulich festzustellen, mit welcher Konsequenz er sich an die Regieanweisungen hielt und auch bedeutend textverständlicher war. Ich glaube, daß sein Versprechen, dieses Niveau zu halten, ehrlich gemeint ist. *A.G.*

Sehr geehrter Herr Bentzien!*   *19.11.1961*

Die lange Zeit, die vergangen ist, seit Sie mir zuletzt die Möglichkeit gaben, mit Ihnen persönlich zu sprechen, hat manchen Dingen, die es noch zu ordnen gilt, zweifellos nicht gut getan.

---

* *Minister für Kultur*

Ich weiß nicht, wie weit Sie von Herrn Bork und Herrn Holán über Einzelheiten informiert wurden. Aber der Elan und die Zuversicht, die der verständnisvolle und großzügige Beschluß des Politbüros* bei uns allen ausgelöst hatte, wurden durch die teilweise allzu zögernde Durchführung leider recht vermindert; und ich hatte – um das beabsichtigte Arbeits- und Leistungsniveau zu erreichen – viel mehr Mühe und Schwierigkeiten, als anfangs erwartet.

Meinen persönlichen Sorgen gegenüber ist eine Distanzierung eingetreten, die mich in meiner Auffassung von den ersten Beratungen und Besprechungen nach dem 13. August allmählich unsicher werden läßt. Dies hat mit dazu beigetragen, daß ich Ihre Antwort auf meinen letzten Brief und auf die darin erbetene Unterredung mit großer Ungeduld erwartet habe.

In vorzüglichster Hochachtung *Walter Felsenstein*

9.12.1961. 3. Bild: Herr Hentschel (Fox) muß sich noch mehr mit der Psyche des Hundes befassen. Nicht bärenhaft, sondern hündisch spielen. Der Abschlußlaut des Hundes auf dem Tisch bis zum Absprung muß heulend sein und nicht ein kurzer Beller. *H.E.*

---

* *Felsenstein hatte die noch verbliebenen Westberliner Mitarbeiter gebeten anzugeben, welches die Mindestkosten ihres Lebensunterhaltes wären. Diese Mindestkosten wurden durch einen Westgeld-Anteil bei Gage/Lohn gedeckt. Den zahlte dann die DDR, nachdem der Westen die vorherigen Zahlungen aus der sog. „Lohnausgleichskasse" für West-Ost-Pendler eingestellt hatte. Durch die ständige Erhöhung der Lebenshaltungskosten im Westen war das eine ansteigende Größe, die ständig neu zu verhandeln war.*

Kapitel IX

20.12.1961. Herr Enders gestaltete seinen Schwejk mit bewundernswerter künstlerischer Disziplin, obwohl sich Herr Sandner in der Irrenhaus-Szene alle Mühe gab, die künstlerische Qualität zu mindern. Herr Enders und Herr Folker als direkte Partner bezeichneten sein Verhalten als unkollegial und unkünstlerisch. Herr Sandner ist von mir in scharfer Form ermahnt worden. *A.G.*

Sehr geehrter Herr Sandner! *24.12.1961*

Was Sie sich in der *Schwejk*-Aufführung am 20. Dezember geleistet zu haben scheinen, überschreitet die Grenze eines möglichen Verständnisses oder gar einer Nachsicht.

Sie gehören zu dem Kreise der Mitglieder, die das anerkennenswerte Opfer gebracht haben, auch nach dem Entzug des Westgeld-Umtausches unter materiell eingeschränkten Bedingungen hier weiterzuarbeiten. Ich war bis jetzt der Meinung, daß Sie wußten, warum Sie das taten und daß dahinter eine echte Gesinnung der Komischen Oper gegenüber steht. Was denken Sie sich dabei, wenn Sie Szenen verlachen, daß man es sogar im Zuschauerraum bemerkt? Es ist Ihnen doch nicht unbekannt, daß durch solche Vorfälle eine ganze Aufführung entwertet wird und daß dies – bei dem derzeitig eingeschränkten Spielplan der Komischen Oper, der jedem Abend, sowohl von seiten des Publikums wie von seiten der Bühne eine höhere Bedeutung verleiht als bisher – besonders unverantwortlich ist.

Ich erteile Ihnen hiermit einen Verweis, der durch Aushang bekanntgemacht wird und bringe diesen Brief der Betriebsgewerkschaftsleitung zu Kenntnis.

Hochachtungsvoll *Felsenstein*

Allen Kolleginnen und Kollegen,* *24.12.1961*

denen ich vor dem Fest nicht mehr persönlich die Hand drücken kann, möchte ich auf diesem Wege sagen: Ich glaube, Sie können diese Weihnachten – wie immer auch Ihre privaten Sorgen und Freuden, Ihre Erwartungen und Enttäuschungen beschaffen sein mögen – nicht sinnvoller begehen, als daß Sie alle Voraussetzungen schaffen und aufrichtig bestrebt sind, unseren diesjährigen Besuchern in den Festtagen und in deren Umgebung tiefere und nachhaltigere Eindrücke zu vermitteln als je vorher.

Das ist nicht die diplomatische Mahnung eines Intendanten, sondern der menschliche Rat Ihres Freundes.

Alles Gute! *Ihr Walter Felsenstein*

Liebe Kolleginnen und Kollegen! *30.12.1961*

Ernstere Gedanken bewegen uns mehr als an jeder anderen Jahreswende zuvor, und ich scheue mich vor oft gesagten Worten und Wünschen.

Der Versuch, unsere Komische Oper – ohne Qualitätsminderung, ohne Abweichung von ihren Prinzipien und Zielen –

---

* *Briefe Felsensteins an das Ensemble vor Premieren (nicht nur seiner eigenen!), Aushänge zu Feiertagen sowie Verabschiedung in die Ferien und Begrüßung aus denselben – immer in sehr persönlichen Worten gehalten – waren am Haus Usus.*

spielfähig zu erhalten, wurde zum bestimmenden Ereignis des vergangenen Jahres.

Diesen Versuch – der noch immer Unsicherheiten, Gefahren und Anfeindungen ausgesetzt ist – dem Gelingen, nämlich einem gesicherten Bestand, entgegenzuführen, ist für jeden, der der Komischen Oper wirklich angehört, der bestimmende Inhalt des neuen Jahres.

Wünschen wir einander dafür Frieden, Gesundheit, Erkenntnis unserer Fehler, Willenskraft, Liebe und Glauben!

Walter Felsenstein

6.4.1962. 4. Bild/Sandner: Erreichte eine erfreuliche Rollen-Identität. Seine Galle war glaubhaft strapaziert. Nach seinem ,,Hinaus" war er zerbrochen und hätte einen weiteren von der Sorte Schwejk nicht überlebt.

Bild 13a/Orchester: Die Herren vom Orchester haben ihre Bemerkungen zu unterlassen, wenn Herr Rössler nach dem Verbleib des Hundes fragt! *A.G.*

10.4.1962. Wenn von der Orchesterdirektion ein Ersatzmann für die Kleine Trommel gestellt wird, so müßte zumindest der Dirigent davon unterrichtet sein. Und wenn dieser Musiker dazu noch eine wichtige Rolle im szenischen Ablauf spielt, wäre es wohl notwendig, eine Probe mit ihm zu machen.

Beim Prolog bemerkte dann Herr Asmus, daß er keinen Partner hatte, der Kapellmeister, daß ein Fremder die Trommel rührte, und das Publikum konnte darüber nachdenken, was das Ganze zu bedeuten habe. Ob und wieviele Aushilfen oder mit dem Stück nicht vertraute Musiker die vielen Mißklänge verursachten, weiß ich nicht zu sagen. Den Dirigenten fand ich nicht beneidenswert.

In der Psychiater-Szene darf Herr Burgwinkel seine Untertexte nicht hörbar werden lassen. Am Ausdruck von Enders ist leicht ablesbar, daß dieser Untertext eigenartige Vokabeln birgt. *A.G.*

Lieber Rudolf Asmus!*   *26.1.1963*

Neben Joachim Herz und Werner Enders sind Sie der Hauptverantwortliche dafür, daß wir heute die 100. *Schwejk*-Aufführung erreicht haben.

Meine Bewunderung, die ich Ihnen vor kurzem für den „Zettel" gezollt habe und die auch Ihrem „Bartolo" am letzten Sonntag gilt, ist nicht mehr steigerungsfähig. Deshalb kann ich Sie nur meiner Liebe und Dankbarkeit versichern.

Ihr Walter Felsenstein

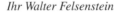

**Die Darsteller mußten Erhebliches leisten, Felsenstein wußte es und dankte es ihnen. Asmus z.B. war neben seinen Partien im „Schwejk" noch im „Füchslein" (Förster), „Barbier von Sevilla" (Bartolo) und im „Sommernachtstraum" (Zettel/Pyramus) eingesetzt; Werner Enders in den gleichen Stücken als Schulmeister/Dackel, Adonis und Flaut/Thisbe, wobei die Vorstellungen oft auch ensuite liefen, da es zunächst die einzigen noch ansetzbaren Inszenierungen waren.*

Kapitel IX

26.1.1963. Die gut besuchte 100. Vorstellung wurde mit bemerkenswerter Frische in durchgehend guter Spannung musikalisch und darstellerisch sicher gespielt. Die Zuschauer erwärmten sich sehr schnell an der Spielfreude und dem Spielgeschehen auf der Bühne und spendeten herzlichen Beifall. *A.G.*

22.4.1963. Seit der letzten *Schwejk*-Vorstellung sind mehr als neun Wochen vergangen. Diese ungewöhnlich lange Liegezeit hatte eine allgemeine Unsicherheit zur Folge, den Aktionen fehlte die Frische und ein echt komödiantischer Schwung war nicht vorhanden. Dafür vernahmen die wenigen Besucher einen sehr beachtlichen Umbaulärm, zu dem sich nach dem Schenkenbild und der Kákony-Szene das Stimmengewirr der abgehenden Beteiligten gesellte. Die Inspizienten und der Bühnenmeister erklärten, daß zum Teil Arbeiter eingesetzt waren, die die *Schwejk*-Verwandlungen nicht kennen. Dadurch wurden die – für den Zuschauer hörbaren – Anweisungen vermehrt und auch die abgehenden

Akteure wurden behindert. Ein bleibendes Übel ist nach wie vor die mangelnde Disziplin aller Beteiligten, die sich auf der Bühne befinden und nicht in Aktion sind.

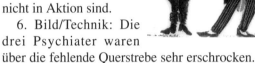

6. Bild/Technik: Die drei Psychiater waren über die fehlende Querstrebe sehr erschrocken.

15. Bild/Engelmann: Bellte wegen musikalischer Unsicherheiten an unpassenden Stellen.

19. Bild/Enders: Vor dem Marsch demonstriert er Gedankenarbeit, ohne sie zu verrichten.

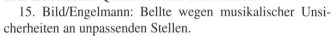

Aktennotiz   *27.4.1963*
Hr. Braunert, Hr. Holán, Hr. Kämmer, Hr. Karl, z.d.A.

Vor wenigen Tagen berichtete ich Ihnen von dem unerträglichen Umbaulärm in der *Schwejk*-Vorstellung, die ich besucht hatte. Mit dem Umbaulärm meine ich nicht nur acht-

Kapitel IX

loses Hantieren, sondern vor allem auch rücksichtsloses und unnötiges Sprechen. Nun lese ich in dem Vorstellungsbericht von Herrn Friedrich über *Tosca* dasselbe.

Ich habe den Eindruck, daß es sich hier nicht um Einzelfälle handelt, die wahrscheinlich auf die große Zahl neuer und junger Leute zurückzuführen ist. Dazu gehört das von mir täglich beobachtete indiskutable Benehmen eines Teiles unserer Belegschaft während der Bühnen-Auf- und Abbauten.

Es scheint vielen Kollegen nicht klar zu sein, daß man auf einer Bühne – auch wenn keine Vorstellung stattfindet – sich nicht so wie auf der Straße oder im Wirtshaus benehmen kann. Da scheinbar keiner meiner Mitarbeiter erkennt, daß diese Dinge an den Nerv unserer Produktion und unserer Daseinsberechtigung greifen, werde ich in einer dafür speziell einzuberufenden Leitungssitzung wirksame disziplinarische Maßnahmen vorschlagen.

Walter Felsenstein

29.9.1963. Herr Schubert zog beim Hundediebstahl den falschen Regler und im Kákony-Bild irrten durch diesen Beleuchtungsfehler und dem dadurch auch verspäteten Hahnenschrei Schwejk und Woditschka minutenlang durch die völlig dunkle Szene. *A.G.*

Der brave Soldat Schwejk

13.10.1963. Im musikalischen Bereich ging einiges daneben, aber da dies außerhalb meiner Kompetenz liegt, möchte ich doch vorschlagen, daß der Herr Orchesterdirektor auch einmal in die Vorstellung geht. *A.G.*

22.10.1963. Stellungnahme:

Die Leistungen einzelner Bläser an diesem Abend ließen zu wünschen übrig. Die Premierenbesetzung der Trompeten war damals eine ausgezeichnete, die durch den Weggang des Westberliner Solo-Trompeters Gedan nicht mehr erreicht werden kann. Ich habe damals gleich darauf aufmerksam gemacht, daß bei Umbesetzungen einer solchen Bläser-Oper Qualitätsminderung eintreten muß, da dieser Orchestersatz speziell instrumentiert ist und zumal in den Solobläsern ein sogenanntes Stilblasen in Jazz-Manier* voraussetzt. Herr Gedan hatte zufällig diese Eigenschaft.

Es ist von keinem normalen Opern-Orchester zu verlangen, diesen Jazz-Stil zu beherrschen. Ich habe darauf hingewiesen, daß ein Qualitätserhalten nur durch Sonderverpflichtung eines Jazz-Trompeters zu gewährleisten ist. Da dies aus terminlichen Gründen nicht möglich ist, müssen wir mit den teilweise schwankenden Orchesterleistungen im *Schwejk* vorlieb nehmen. Ein Besuch der Orchesterdirektion bei einer Vorstellung nützt daher nichts.

gez. Hanell

---

* Die Orchesterbesetzung dieser Oper bestand ausschließlich aus Bläsern und nur wenig Schlagwerk.

Kapitel IX

19.1.1964. 4. Bild/Technik: Der hintere Hänger wackelte so beträchtlich, daß man den Eindruck hatte, daß die Szene auf der Oberbühne eines Schiffes spiele.

17. Bild: Herr Enders legte den Tornister so ins Gepäcknetz, daß er wieder zurückfiel. Herr Blasberg wehrte die ihn bedrohende Last ab, wobei der Tornister dann nach hinten aus dem Zug fiel. *A.G.*

2.7.1964. Die letzte Aufführung unseres *Schwejk* war gut besucht. Das Publikum wurde in seiner Bereitschaft und Aufnahmefähigkeit in wünschenswerter Weise von der Bühne aus aktiviert und amüsierte sich prächtig.

Die Qualität der Vorstellung war erfreulich gut, da die Ausdruckshöhe und die künstlerische Konzentration durchgehend vorhanden waren. Der technische Ablauf war reibungslos. Die Beleuchtung war fehlerfrei.

Das Publikum spendete viel und herzlich Beifall. Der Inspizient ließ die Solisten zu früh abtreten, dadurch mußte sich Herr Enders zu oft allein für den nicht endenwollenden Beifall bedanken. *A.G.*

Lieber Herr Enders! *2.7.1964*

Zu dem Brief an das Ensemble – der auch an Sie gerichtet ist – möchte ich Ihnen noch einmal die Hand drücken. Mehr

Der brave Soldat Schwejk

kann ich nicht tun, weil alle Worte, die ich versuchen würde, das verminderten und verkleinerten, was ich im Zusammenhang mit dem *Schwejk* für Sie empfinde.

Ich glaube, ich hätte heute für meine aufrichtigen Dankes- und Anerkennungsworte an das Ensemble weniger Anlaß gehabt ohne die hin- und mitreißenden Leistungen von Ihnen und Rudolf Asmus.

Seien Sie umarmt von

Ihrem Walter Felsenstein

Kapitel IX

Erhellende Hinweise zu den Stückfiguren

Irmgard **Armgart** *– Kati Wendler*

Rudolf **Asmus** *– Theaterdirektor, Wirt Palivec und Obergefreiter Woditschka*

Erich **Blasberg** *– General von Schwartzburg*

Vladimir **Bauer** *– Einer von 5 Psychiatern*

Georg **Baumgartner** *– Sanitätsfeldwebel*

Josef **Burgwinkel** *– Psychiater*

Ena **Döhle** *– Frau Müller, Schwejks Schlummermutter*

Werner **Enders** *– Josef Schwejk*

Harald **Engelmann** *– Hund Fox*

Frank **Folker** *– Feldkurat Katz*

Herbert **Hentschel** *– Dritter Hundedarsteller*

Hans-Georg **Köhler** *– Patient der Psychiatrie*

Uwe **Kreyssig** *– Oberleutnant Lukasch*

Gottfried **Mönch** *– Ein zum Marschbataillon abkommandierter Patient der Psychiatrie*

Hanns **Nocker** *– Brettschneider, Geheimpolizist*

Karl-Heinz de **Paula-Hackel** *– Schwindsüchtiger*

Hans **Reinmar** *– Oberst Krauss von Zillergut*

Herbert **Rössler** *– Zweiter Oberst Krauss von Zillergut*

Arwed **Sandner** *– Polizeikommissar*

Helmut **Sommerfeldt** *– Sanitätsfeldwebel*

Jean **Soubeyran** *– Zweiter, nur gelegentlicher Hund Fox*

Heinz **Thomas** *– Soldat*

Inge **Ungnad** *– Dienstmädchen und Mädchen*

Für Bubuš und Julia

Unser herzlichstes Dankeschön ...

gilt all den Kollegen und Freunden, die mit ihrem Interesse und mit praktischen Vorschlägen dieses Büchlein von der Idee bis zum Druck begleitet haben.

Insbesondere danken wir:

Frau Ursula Heinrich, die es durch den Verzicht auf Tantiemen ermöglicht hat, das Büchlein mit den überwiegend unveröffentlichten Entwürfen ihres Mannes zu illustrieren;

den Herren Christian und Johannes Felsenstein, die ebenfalls auf eine pekuniäre Beteiligung verzichteten, so daß das Buch zu einem käuferfreundlichen Preis erscheinen kann;

Frau Barbara Kämpf, die aus Verbundenheit ohne Salär graphische Arbeiten übernahm;

nicht zuletzt der Familie der Herausgeberin für das Verständnis und die Geduld, daß sich das „Zuhause" über Wochen in ein Archiv-, Sortier- und Schreibbüro verwandeln durfte.

Herausgeberin und Verleger

Personenregister*

Abendroth, Hermann • Dirigent » 100

Ahner, Bruno • Zuschauer » 201

Armgart, Irmgard • Sopran » 63 95 103 108 113 176 193 249 276

Arnold, Erich • Tenor » 199 200 207 208 211-213 215

Arnold, Heinz • Regisseur » 75

Arnold, Irmgard • Sopran » 31 37 113 187 193 224 228 231 232

Arnold, Waldemar • Bariton » 215

Asmus, Rudolf • Baß-Bariton » 245 246 268 269 276

Bab, Gerhard • Mitarbeiter der Kulturabt. der Landesleitung der SED » 95

Bäger • Mitarb. der Kulturabteilung der Landesleitung der SED » 100 101

Bahner, Gert • Solorepetitor und Kapellmeister » 218 231

Bauer, Hans • Leiter des Amtes Darstellende Kunst beim Magistrat von Groß-Berlin/1951-1952 Verwaltungsdirektor an der K.O. » 30 90-92 94

Baum • Stadtrat » 92

Baumgartner, Georg • Tenor » 167 168 194 243 260 276

Beaumarchais, Caron de » 197

Bednar, Jost • Bühnenbildner-Assistent » 196

Beer, Leo de • Tenor » 199-201 205 209 212 215

Beneckendorff, Wolf von • Schauspieler am Berliner Ensemble » 53 57 63

Bentzien, Hans • 1961-66 Minister der Kultur der DDR » 264

Blasberg, Erich • Baß » 79 83 » 122 126-129 143

Bork, Kurt ⚲ 1954-1962 Leiter des Hauptamtes Darstellende Kunst im Ministerium für Kultur der DDR » 182 265

Brand • Mitarbeiter der Landesleitung der SED » 102

Brandt, Georg • Technischer Leiter » 35

Brandt, Willy • Beleuchter » 175

Brandt, Willy • 1957-1966 Regierender Bürgermeister von Berlin » 180

Braun • Pferdeführer » 77

Braunert, Bernd • Bühneninspektor » 227 271

Brecht, Bertolt » 41

Brosig, Egon • Schauspieler » 41 48-50 52 63

Brummerhoff, Charlotte • Schauspielerin » 31 37 111 113

Burgwinkel, Josef • Bariton » 9 41 43 45-49 54-57 60 63 95 101 103 107 108 111 113 142 143 209 210 215 263 264 269 276

Busch, Hans • Tenor-Buffo » 105 108 110 113

Byrns, Harold • Gastdirigent » 146

---

* *Die Kollegen hinter, neben und vor der Bühne werden mit ihren damaligen Positionen (lt. Vertragsliste) angegeben – ungeachtet späterer, bemerkenswerter Aufstiege.*

Anhang

Czerny, Ingrid • (Koloratur)Sopran » 177 194

Denner, Paul • Bariton » 49 63

Dessau, Paul • Komponist » 148 197

Dette, Woldemar • Parkwächter » 14

Dicks, Wilhelm-Walther • Bariton » 34 37 103 104 110 113 199 224 226 232

Döhle, Ena • Schauspielerin » 26 37 47-50 53 63 111 113 253-255 276

Dölling, Rudolf • 1952-1955 Stellvertetender Minister des Innern, danach Botschafter » 179

Dorka, Marianne • Sopran » 76 83

Düllmann, Susanne • Schauspielerin » 96 113

Duske, Erna-Maria • Chorsolistin » 96 113

Ebert, Carl • Regisseur » 174

Ebert, Friedrich • 1948-67 Oberbürgermeister von Berlin » 101 102

Eckardt-Martens, Walter • 1949-1951 Verwaltungsdirektor » 92

Eggers-Runge, Otto • Zuschauer » 208

Ekkehard, Sigrid • Sopran » 187

Enders, Werner • Tenor » 237 238 249-251 253 256 257 259 260 263 266 269 271 274 276

Engelmann, Harald • Solotänzer » 234 244 255 271 276

Esser, Emil • Oberinspizient » 202

Esser, Hermin • Tenor » 177 194

Felsenstein, Christoph » 277

Felsenstein, Johannes » 277

Felsenstein, Maria » 11

Felsenstein, Walter » 5 7 8 10-16 18-20 22 23 28 31-33 35 37 40 41 43-45 52 55 58 59 61 66 67 69 71 72 74 80 81 86-90 93 94 96 97 100-102 107 116 118 120-122 125-128 131 133 137 138 140 146-148 151 154 155 158 160 163 170 171 173 174-176 179 180 182 184 185 189 190 196 197 204 207-210 218-220 223-225 229 230 235 240 248 252 265 267 268 269 272 275

Ferenz, Willy • Bariton » 159 194

Folker, Frank • Tenor » 191 194 266 276

Frankenberg, Ellen von • Regisseurin, Regieassistentin und Abendspielleiterin » 18 40 50 61 62 66 86 116 130 132 134 196 210 218 224 227 228 230

Friedrich, Götz • Wissensch. Mitarb. des Chefregisseurs/1. Regieass. u. Abendspielleiter/ Regisseur » 11 66 78 79 81 146 189 190 272

Friedrichs, Carl • Kritiker » 21

Gedan, Johann • Orchestermusiker » 273

Gießmann, Irmgard • Zuschauerin » 58

Grabsch • Mitarbeiter des Magistrats von Groß-Berlin » 92

Gregor, Kurt • Minister für Inner- und Außerdeutschen Handel » 105

Groß, Augustus • Regieassistent und Abendspielleiter » 234

Grube, Heinz • Chorsolist » 60 64

Gruber, Ferry • Tenor » 132 134 135 137 142 144

Grüber, Arthur • Kapellmstr. a.G. » 66 74

Personenregister

Guthan, Herbert • Kapellmeister und Studienleiter » 40 56 57 62 66 146 179 196 211 225

Häling • Mitarbeiter der Kulturabteilung der Landesleitung der SED » 95

Hanell, Robert • 1. Kapellmeister » 66 234 238 262 273

Hašek, Jaroslav » 239

Hecht, N. • Zuschauer(in) » 98

Heinrich, Rudolf • Ausstattungsleiter » 146 147 149 234 277

Heinrich, Ursula » 277

Henkel, Robert • Chorsolist » 122

Henning, Werner • Chorsolist » 198 215

Hentschel, Herbert • Tänzer » 265 276

Herz, Joachim • Regisseur, Regieassistent und Abendspielleiter » 16 75 102 146 193 225 234 235 240 259 261 263 269

Hiller • Mitarbeiter des Magistrats von Groß-Berlin » 91 92

Hölzke, Karl-Friedrich • Tenor » 226 231

Hoffmann, Ernst • Sekretär der Landesleitung der SED » 33

Holán, Karl • 1963-65 Stellvertreter des Intendanten » 189 265 271

Holm, Richard • Tenor » 16 159 164-166 194

Hopp, Manfred • Tenor » 187 194

Hülgert, Alfred • Tenor » 23-27 34 35 37

Ilsemann, Hans • Chorsolist » 161 194

Inden, Ruth • Sopran » 31 38

Jendretzki, Hans • Mitarbeiter der Kulturabteilung der Landesleitung der SED » 102

Jürgens, Annemarie • Sopran » 31 34 202 215

Jungwirth, Manfred • Baß » 226 232

Kämmer, Willibald • Beleuchtungs-Inspektor » 271

Kämpf, Barbara » 277

Karl, Gerhard • 1963-1972 Dir. » 271

Kerber, Erwin • Mitarbeiter der Kulturabt. derLandesleitung der SED » 101 102

Kersten, Wolfgang • Regieassistent und Abendspielleiter » 146 185

Klapproth, Gustav • Theatermeister » 31

Kleiber, Erich • Dirigent » 7

Klemperer, Otto • Dirigent » 127

Kobán, Ilse » 6

Köhler, Hans-Georg • Chorsolist » 241

Kogel, Richard • Bariton » 167 173 176 177 183-185 194

Korsch, Bernhard • Tenor » 23 24 26 31 34 38 47 » 48 64 89 104 113

Kostka, Rudi • 1952-1963 Verwaltungsdir. u. Stellv. des Intendanten » 124 128 153 175 230

Kozub, Ernst • Tenor » 133 144

Krause, Alfred • Oberrequisitenmeister » 46 100 124 125 210 211 230

Krefft, Ilona • Souffleuse » 205

Kremer, Hans-Walter • 1948-74 Leiter des KBB » 78 79 254

Kreuziger, Max • Stadtrat » 94

Kreyssig, Uwe • Bariton » 247 249 276

281

Anhang

Krüger, Alois • Schauspieler » 47 64

Ksirova, Jarmila • Sopran » 101 114

Kurella, Alfred • Politbüro-Mitglied » 182

Kurka, Robert » 234

Kusche, Benno • Bariton » 16 159 164 166 194

Lange-Frohberg, Katharina • Pädagogin im Kinderstudio » 162

Lauter, Hans • 1950-53 Mitgl. des ZK der SED, Verantw. für Kultur » 32

Leitner, Ferdinand • Dirigent » 100

Lenschau, Hermann • Tenor » 101 114

Link • Mitarbeiter des Magistrats von Groß-Berlin » 27 30

Lortzing, Albert » 115 116 118

Lüddecke, Hermann • 1. Chordirektor » 186

Lüpitz, Fritz • Zuschauer » 134

Maerker, Edith • Stellvertretende Leiterin des Studios der K.O. » 86

Mandelkow, Günther • Inspizient » 205

Maria (s. Felsenstein, Maria)

Masur, Kurt • 1960-64 GMD/Musikalischer Oberleiter » 146 189

Mayer, Hans • Literaturhistoriker » 157 158

Mayer-Gänsbacher, Hugo • Tenor » 43 44 46 47 53 57 64

Mieke, Reinhard • Dramaturg, Regieass. u. Abendspielleiter » 234 242 254

Mißner, Werner • Tenor » 187 190 194

Modess, Heinrich • Beleuchtungsmeister » 182

Moeller, Malwine • Sopran » 120 210 216

Mönch, Gottfried • Chorsolist » 260 276

Molotow, Wjatscheslaw • 1939-1949/ 1953-1956 Außenminister der UdSSR » 117 118

Motzkat, Paul • Direktor » 184 251

Moulson, John • Tenor » 186 187 194

Mozart, Wolfgang Amadeus » 145-148 156 164 169 173 174

Mühlhardt, Kurt • Schauspieler » 31 34 38 70 76 77 80 81 83 104 105 110 114

Müller, Albert • Dirigent » 40

Nerlich, Eva-Maria • Sopran » 96 104 113

Neumann, Václav • 1956-60 Chefdirigent » 146

Niese, Gerhard • Bariton » 80 83 118 120 133 139 140 144

Nocker, Hanns • Tenor » 167 194 246 254 276

Offenbach, Jacques » 18-20 26 36 » 85-88 96 97

Ohloff, Hellmut • Korrepetitor » 134

Paul, Karl • Bariton » 130 131 137 138 144

Paula-Hackel, Karl-Heinz de • Chorsolist » 255 276

Pawlik, Sylvia • Sopran » 190 194

Peters, Ralph • Tenor » 48 53 54 64 75 83 120 127 129 132 142-144 202 204 208 210 211 214 216

Petrick, Karl • Technischer Direktor » 184 237 238 247 248

Personenregister

Pflanzl, Heinrich • Baß » 70 72 73 78 79 83 200

Pfeiffenberger, Heinz • Bühnenbildner » 18 40 66 86 116 147 218

Pfeiffer, Karl • Schauspieler » 62 64

Pieck, Wilhelm • 1. Präsident der DDR » 12 100 101

Pikosz, Max • Technischer Leiter/ Technischer Direktor » 109 125 148 149 199 205 209 212 227

Rahn, Erich • 1. Kascheur und Modellbauer » 150 155

Rehm, Ernst • Regieassistent und Abendspielleiter » 40 66 86

Reichle, Lena • Personalleiterin » 251

Reifarth, Ortrud • Chorsolistin » 100 114 201 216

Reinmar, Hans • Baß-Bariton » 178 179 194 220 221 223 224 227 230-232 262 276

Rembrandt van Rijn » 208

Rentzsch, Egon • Leiter der Kulturabtlg. beim ZK » 94 100

Reuter, Ernst • 1948-1951 Oberbürgermeister/1951-1953 Regierender Bürgermeister von Berlin » 180

Riha, Carl • Regiseur, Regieassistent und Abendspielleiter » 66 116 120 127 225

Röber, Karl • Chorsolist » 122

Rössler, Herbert • Baß » 170-172 194 264 268 276

Rosen, Martin • Tenor » 41 47 49 50 55 64 164 194

Rosenberg, Gerhard • Chorsolist » 101 114

Sahler, Willy • Baß-Bariton » 120 122 129 130 144

Sandner, Arwed • Baß-Bariton » 255 266 268 276

Sawade, Anna-Maria • Sopran » 198 216

Sawade, Harald • Schauspieler » 103 104 111 112 114

Schikaneder, Emanuel » 148 156

Schiller, Friedrich » 156

Schiller, Gottfried • Chefmaskenbildner » 53 103 105 241

Schlemm, Anny • Sopran » 75 83 200

Schmidt, Willi • Bühnenbildner » 20

Schock, Rudolf • Tenor » 69-71 73 84 200

Schöner, Sonja • Sopran » 50 55 56 64 98 108 114 142-144 162 166-168 194

Schubert, Horst • Tonmeister » 272

Schumacher, Ernst • Inspizient » 77 161 184-186 226

Schwenke, Adelheid • Sopran » 75 84

Smetana, Bedrĭch » 66 67

Sommerfeldt, Helmut • Chorsolist » 257 276

Sorgalla, Rudolf • Requisitenmstr. » 260

Soubeyran, Jean • Leiter der Pantomimen-Gruppe » 235 238 241 276

Spies, Leo • Komponist, Kapellmeister und Studienleiter » 18 40 86 89 104 110 116

Stalin, Josef Wissarionowitsch » 10

Stanislawski, Konstantin • Regisseur » 201

Staps, Walter • Chorsolist » 121 144

283

Steinbeck, Dietrich • Theaterwissenschaftler » 11

Stolze, Gerhard • Tenor » 26 38

Strauß, Johann » 196

Strauss, Richard » 218

Struwe • Pferdeführer » 77

Suhr, Otto • 1955-1957 Regierender Bürgermeister von Berlin » 180

Tautz, Helmut » 179

Tietz • Mitarbeiter im Ministerium für Handel und Versorgung » 92

Thomann, Heinz • Chorsolist » 168 194

Tesch, Kurtn • Maskenbildner/ Stellv. Chefmaskenbildner » 53 105

Thomas, Heinz • Chorsolist » 262 276

Tischbein, Sybille • Sekretärin » 100

Tittert, Siegfried • Regisseur a.G., Regieassistent und Abendspielleiter » 18 40 66 75 86

Traumüller, Johann • Hausinsp. » 211

Trötschel, Elfride • Sopran » 88

Ungnad, Ingeborg • Solotänzerin mit Gruppenverpflichtung » 78 84 243

Venus, Hertha • Orchestermusikerin » 15 102

Vierbücher • Mitarbeiter des Magistrats von Groß-Berlin » 152

Voigtmann, Karl-Fritz • Solorepetitor und Studienleiter/Kapellmeister » 116 132 139 142 234

Volkhardt, Margot • Alt » 77 84

Vulpius, Jutta • Koloratursopranistin » 159 160 164 167 194

Wächtler, Heinz • Regieassistent und Abendspielleiter » 40 86 100 103

Wäscher, Aribert • Schauspieler » 19 20 24

Walter-Sacks, Emilie • Alt » 226 232

Walther, Fred • Chorsolist » 60 61 64 164

Wenglor, Ingeborg • Sopran » 167 169 194

Wenzel, Brunhilde • Sopran » 183 194

Winkler, Hellmuth • Leiter der Kostümabteilung » 130

Winterfeld, Wolf-Dietrich v. • Kapellmstr. » 18 32 40 43 86 89 99 100

Wittmann, Erich • Kapellmeister und Orchesterdirektor » 18 27 34 40 50 53 54 116

Wunderlich • 1953-1958 Minister für Allgemeinen Maschinenbau » 106

Zallinger, Meinhard von • 1953-1956 GMD/Musikalischer Oberleiter » 54 116 121 146 147 196 199 202 204 218 219 222 226 227 229

Zeller, Carl » 40

Zwissler, Karl Maria • Gastdirigent » 146 167 171

Toi, toi, toi, Ihr Felsenstein — von Ilse Kobán	5
Anstelle eines Vorworts: **Stallwache** von Joachim Herz	7
1. **Das Publikum reagierte nur auf Witze** oder Es kam alles, aber erst nach der Souffleuse Jacques Offenbach: *Orpheus in der Unterwelt*	17
2. **Der Applaus wurde bedrohlich** oder Das Schwein bellte vor Wut Carl Zeller: *Der Vogelhändler*	39
3. **Das Pferd scheut vor der Musik** oder Restlos ausverkauftes Haus und 30 Vorhänge Bedrich Smetana: *Die verkaufte Braut*	65
4. **Im Parkett herrschte die froheste Laune** oder Die Vorstellung hielt nur noch Dampf und Routine zusammen Jacques Offenbach: *Pariser Leben*	85
5. **Das Publikum war äusserst aufgeräumt** oder Notenwerte waren wohl mehr Zufallstreffer Albert Lortzing: *Zar und Zimmermann*	115
6. **Im ganzen Raum herrschte echte Zauberflöten-Stimmung** oder Der Königin war eine Fliege in den Mund geflogen Wolfgang Amadeus Mozart: *Die Zauberflöte*	145
7. **Das Publikum wurde ganz still** oder Acht Musiker hatten Nasen aufgesetzt Johann Strauß: *Eine Nacht in Venedig*	195
8. **Statt zu singen, mußte er husten** oder Die Bühne war eiskalt und aus keinem Rohr kam Dampf Richard Strauss: *Die schweigsame Frau*	217
9. **Das Publikum freute sich königlich** oder Herr Soubeyran will künftig selbst bellen Robert Kurka: *Der brave Soldat Schwejk*	233
Anhang: Dankeschön	277
Personenregister	278

MärkischerVerlag Wilhelmshorst
aus der Mark — für die Mark

Thiel/Kretzschmar: Die nackte DEVA. Heitere und besinnliche Film-Anekdoten aus 50 Jahren DEFA-Geschichte mit Portrait-Karikaturen. Brosch. ISBN 3-931329-12-7, 15 DM

Wilhelmshorster – Carl Steinhoff: 7 italienische Novellen. Vom ersten Ministerpräsidenten Brandenburgs übersetzt. Anhang zu seinem Leben und Wirken. Mit Zeichnungen von Manfred Rößler. ISBN 3-931329-02-X, 23 DM

Hentze: Von der königlichen Handwerksschule zum Humboldt-Gymnasium – 175jährige Geschichte einer Potsdamer Schule. Mit den Namen aller Direktoren, Lehrer und Schüler. 117 S. brosch., ISBN 3-931329-09-7, 25 DM

Martin Ahrends: Zwischenland – Autobiografisches Essay. Exkurs zu einer strapazierten Landschaft und zur jüngsten deutschen Geschichte. Roger Melis und Bernd Blumrich haben das Grenzland eindrucksvoll fotografiert.
ISBN 3-931329-00-3, 25 DM

Walter Flegel: Darf ich Jule zu dir sagen? – Ein heiter besinnliches Buch um einen spannenden Ferien-Sommer auf der Insel Rügen. Juliane gewinnt neue Freunde und neue Einsichten in die komplizierte Welt der Erwachsenen, die aber mit weniger Vorbehalten einfacher sein könnte. Pralle Illustrationen von Maren Simon. ISBN 3-931329-06-2, 19,80 DM

Märkische Orte, Teil I: Potsdamer Havelland. Ein Kompendium mit Wappen, Historie und gegenwärtiger Kultur von Henning Heese. ISBN 3-931329-05-4, 28 DM

Viel Lesevergnügen wünscht Ihnen Ihr

 MärkischerVerlag Wilhelmshorst
Lesen – denken – schreiben